www.ingramcontent.com/pod-product-compliance
Lightning Source LLC
LaVergne TN
LVHW021302080526
838199LV00090B/5993
9789358722970

اردو صحافت کے شہ سوار

(مضامین)

مرتبہ:
سید حیدرآبادی

© Taemeer Publications LLC

Urdu Sahafat ke Shah-savaar *(Essays)*

by: Syed Hyderabadi

Edition: September '2024

Publisher :

Taemeer Publications LLC (Michigan, USA / Hyderabad, India)

ISBN 978-93-5872-297-0

مصنف یاناشر کی پیشگی اجازت کے بغیر اس کتاب کا کوئی بھی حصہ کسی بھی شکل میں بشمول ویب سائٹ پر اَپ لوڈنگ کے لیے استعمال نہ کیا جائے۔ نیز اس کتاب پر کسی بھی قسم کے تنازع کو نمٹانے کا اختیار صرف حیدرآباد (تلنگانہ) کی عدلیہ کو ہو گا۔

© تعمیر پبلی کیشنز

کتاب : **اردو صحافت کے شہ سوار** (مضامین)

مرتب : **سید حیدرآبادی**

بہ تعاون : روزنامہ 'اودھ نامہ' ویب سائٹ

پروف ریڈنگ / تدوین : مکرم نیاز

صنف : غیر افسانوی نثر

ناشر : تعمیر پبلی کیشنز (حیدرآباد، انڈیا)

سالِ اشاعت : ۲۰۲۴ء

صفحات : ۷۶

سرورق ڈیزائن : تعمیر ویب ڈیزائن

فہرست

(۱) مجاہد صحافت مولوی محمد باقر	شکیلہ سحر	6
(۲) مولانا ابو الکلام آزاد کی صحافتی خدمات	ندوۃ العلماء لکھنؤ	9
(۳) میڈیا کا گرتا معیار اور سرسید کا صحافتی کردار	محمد عبّاس دھالیوال	14
(۴) سرسید احمد خاں کی صحافتی خدمات	عبد القادر	24
(۵) اردو صحافت کا عظیم سپاہی: حفیظ نعمانی	عطیہ بی	30
(۶) سید فخر الدین بلّے: ادب و صحافت و ثقافت کا قطب مینار	ڈاکٹر امام اعظم	34
(۷) قاضی عبد الغفار: ایک کامیاب صحافی	عارفہ مسعود عنبر	41
(۸) فضیل جعفری اور ان کی اداریہ نویسی	معصوم مرادآبادی	48
(۹) سرخیل صحافت: مولانا اسرار الحق قاسمی	محمد صادق جمیل تیمی	59
(۱۰) ادب و صحافت کا امتزاج: حقانی القاسمی	ڈاکٹر سید احمد قادری	63
(۱۱) ڈاکٹر حسن مثنیٰ اور صحافت	ڈاکٹر منتظر قائمی	67

مجاہد صحافت مولوی محمد باقر

شکیلہ سحر

اردو صحافت سرزمین ہندوستان کی قدیم ترین صحافت ہے۔ اردو صحافت روز اول ہی سے ملک کے درپیش مسائل کے حل میں مصروف رہی ہے۔ اس زمانے کے بہت سے نشیب و فراز دیکھے ہیں۔ اپنے ابتدائی دور سے ہی سیکولرازم کی علمبدار رہی ہے۔

اردو صحافت کے ابتدائی زمانے میں اخبار روزنامہ نہیں ہوا کرتے تھیں بلکہ ہفت روزہ یا سہ روزہ اخبار ہوا کرتے تھیں۔ انقلاب ۱۸۵۶ سے پہلے جب شمالی ہندوستان میں انگریزوں کے خلاف عوام میں جذبات بھڑکے تو اردو اخبارات نے ہوا دی اور ملک میں موجود ظالم حکمران یعنی انگریزوں کے خلاف خبریں اور مواد شائع کیا۔ اردو کا سب سے با اثر، عمدہ اور دلیر اخبار " دہلی اردو اخبار تھا، جس کے جاری کردہ محمد اکبر تھے۔

" قلم کی نوک پہ رکھوں گا اس جہان کو میں
زمیں لپیٹ کے رکھ دوں کہ آسمان کو میں "

محمد اکبر کے بعد اخبار " دہلی اردو اخبار " کے مرید ان کے فرزند مولوی محمد باقر بنے۔ مولوی محمد باقر بحیثیت دیدہ ور صحافی حالات کے تعبیرات اور فطرت انسانی کے انقلابات پر مفکرانہ غور و تربر کے عادی تھے اور جو بھی دیکھتے یا سنتے تھے اسے برملا لکھ دیتے تھے۔

مولوی محمد باقر سنہ ۱۷۸۰ء میں دہلی میں پیدا ہوئے۔ مولوی باقر نے تعلیم دہلی کالج، دہلی سے حاصل کی۔ تعلیم مکمل کرنے کے بعد انہوں نے کچھ ملازمتیں اختیار کیں جیسا کہ دہلی کالج میں پڑھایا اور ریونیو ڈپارٹمنٹ میں تحصیل دار کے طور پر رہے مگر یہ ان کی آخری منزل نہیں تھی۔ سنہ ۱۸۳۶ء میں جب حکومت میں پریس ایکٹ میں ترمیم کرنے کے بعد اخبارات کی اشاعت کی اجازت دے دی تو انہوں نے صحافت کی دنیا میں قدم رکھا جو ان کا فن اور پہچان بن گیا۔ جنوری ۱۸۳۷ء میں مولوی محمد باقر نے اردو زبان کا ہفت روزہ " دہلی اخبار " شروع کیا۔ یہ اخبار ۲۱ برسوں تک جاری رہا اس دوران میں اس کا دو مرتبہ نام تبدیل ہوا۔

مولوی محمد باقر مولانا محمد اکبر کے واحد بیٹے تھے۔ مولوی باقر کو اردو کے علاوہ عربی، فارسی اور انگریزی بھی آتی تھی، انہوں نے دینی اور دنیوی تعلیم دونوں حاصل کی تھیں۔

۱۸۳۶ء کے آس پاس انہوں نے اپنا چھاپہ خانہ قائم کیا اردو کے پہلے باقاعدہ اخبار " دہلی اردو اخبار " کا آغاز کیا۔ اردو اخبار پہلا ایسا عوامی اخبار تھا جو دربار شاہی سے لیکر کمپنی کی خبروں تک اور قومی و بین الاقوامی خبریں بھی شائع کر رہا تھا۔ " دہلی اردو اخبار " کے پہلے صفحہ پر " حضور والا " کے عنوان کے تحت مغل بادشاہ و شہزادوں کی خبروں کے ساتھ قلعۂ معلی کی نقل و حرکات اور " صاحب کلاں " عنوان کے تحت ایسٹ انڈیا کمپنی کی خبریں چھپتی تھیں۔ اخبار میں مذہبی مضامین کے ساتھ ادبی گوشہ بھی ہوتا تھا جس میں مومن، ذوق، غالب، بہادر شاہ ظفر، زینت محل اور دیگر شعرا کا کلام چھپتا۔

وہ ہندوستان میں جدید تعلیم کے فروغ کی اہمیت پر بھی زور دیا کرتے تھے۔ ۱۸۵۷ء میں انہوں نے فکری قیادت کا کردار ادا کرتے ہوئے اپنے اخبار کو آزادئ ہند کے لیے وقف کر دیا تھا۔

معلوم ہوتا ہے کہ مولوی محمد باقر کا صحافتی نیٹ ورک اتنا وسیع تھا کہ دور دراز کے شہروں کی خبریں انہیں بروقت مل جاتی تھیں۔ آپ نے خصوصی طور پر آزادی کے لیے لڑنے والے فوجیوں کو اپنی صفوں میں اتحاد قائم رکھنے کی تلقین کی۔

مولوی محمد باقر نے اپنے اخبار میں رئیسوں اور راجاؤں کے لیے لکھا کہ انھیں اپنے ہم وطن عوام کے خلاف انگریزوں کا ساتھ نہیں دینا چاہئیے اور یاد رکھنا چاہئیے کہ انگریز دھوکے باز ہیں۔

مولوی محمد باقر اپنے اخبار کے مرید اور تبصرہ نگار ہونے کے علاوہ اس کے چیف ایڈیٹر بھی تھے ان کے بعض خبریں اتنی دلچسپ ہوتی تھیں کہ دوسرے اخبار انکی نقل کرتے تھے۔

مولوی محمد باقر نے عوام سے اپیل کرنے کے لئے اپنے اخبار کا بھرپور استعمال کیا، اوراخبار کے ذریعے ہی انہوں نے انگریزوں کی تقسیم کرنے والی پالیسی کو اجاگر کیا۔ اس طرح کی جرات اور حوصلے کی پاداش میں قتل کی سازش کا الزام لگاکر برطانوی فوجی افسر ہڈسن نے ۱۶ ستمبر ۱۸۵۷ میں انہیں گولی مار کر شہید کر دیا۔ ہندوستانی صحافت کی تاریخ میں شاید وہ پہلے مدیر تھے، جن کو ہندوستان، ہندوستانیت اور قومی یکجہتی کے لیے ہمشیہ یاد کیا جائے گا۔

***

مولانا ابوالکلام آزاد کی صحافتی خدمات

شعبۂ صحافت ولسانیات، دارالعلوم ندوۃ العلماء لکھنؤ

مولانا ابوالکلام آزاد کا نام محی الدین احمد کنیت ابوالکلام اور تخلص آزاد تھا، مولانا آزاد کی پیدائش مکہ مکرمہ میں ذی الحجہ ۱۳۰۵ھ مطابق ۱۸۸۸ء میں ہوئی بچپن کا زمانہ وہیں گزرا پھر اپنے گھر والوں کے ساتھ ہندستان آگئے۔ ۱۴سال کی عمر میں کلکتہ میں تعلیم کی تکمیل کی۔ ۱۳۲۶ھ مطابق ۱۹۰۸ء کو بیس سال کی عمر میں عرب اور یورپین ممالک کی سیاحت کے لیے نکلے اور عراق، شام، مصر، ترکی، فرانس، اور انگلینڈ کا دورہ کیا۔ مولانا آزاد ایک صاحب طرز ادیب، شعلہ بیان خطیب، کامل شاعر، بالغ نظر مفکر کے ساتھ ساتھ ایک صحافی بھی تھے۔ انہوں نے صحافت میں اسی وقت قدم رکھا جب ان کی عمر دس سال کی تھی، پھر اپنی مجاہدانہ صحافتی مصروفیات و مشغولیات عرصۂ دراز تک مشغول رہے اور بیسویں صدی کے آغاز میں ایک انقلابی صحافی کے روپ میں اردو صحافت کے افق پر ظاہر ہوئے اور اردو صحافت کو ایک نئی راہ دیکھائی۔

صحافت کے میدان میں مولانا آزاد کو دو ادوار میں تقسیم کر سکتے ہیں؛ ایک " الہلال " و " البلاغ " سے پہلے کا زمانہ اور دوسرا " الہلال " و " البلاغ " کا زمانہ پہلا دور جس میں انہوں نے " نیرنگِ خیال " اور " لسان الصدق " نکالا اور مختلف خبارات سے وابستہ رہے۔ " نیرنگِ خیال " ایک ادبی پرچہ تھا، جس میں قصائد و اشعار بھی شائع ہوتے تھے۔ دوسرا

رسالہ "لسان الصدق" جسے نیرنگِ خیال کے بعد ۲۰ نومبر ۱۹۰۳ء کو کلکتہ سے نکالا۔ وہ اجتماعی دینی رنگ کا عکاس ایک علمی، واخلاقی اور تاریخی اخبار تھا، جو ۱۹۰۵ء تک نکل کر بند ہو گیا۔

"لسان الصدق" میں اس زمانہ کے صحافیوں اور ادیبوں نے اپنی تحریروں کے ذریعہ حصہ لیا، جن میں سید شاہد حسین، عبدالحلیم شرر، ذکاء اللہ اور وحید الدین سلیم وغیرہ تھے۔ اس رسالہ میں شائع ہونے والے مضامین کو دوسرے اخبارات بھی نقل کیا کرتے تھے۔

الندوہ اور وکیل کے معیار کو بلند کرنے اور ان کے دائرہ کو وسیع کرنے میں مولانا آزاد بڑا ہاتھ تھا۔ مولانا آزاد نے عربی میں ایک رسالہ "الجامعہ" کے نام سے نکالا تھا۔ یہ رسالہ اس وقت کے شریف حسین کی حکومت پر تنقید کرتا تھا اور سعودی حکام کا مؤید تھا۔ یہ رسالہ زیادہ دن نہ نکل سکا۔

جرائد "الہلال" اور "البلاغ":

مولانا ابوالکلام آزاد کی صحافت کے دوسرے دور میں اسلامی رنگ اور خالص اسلامی مقاصد کا ظہور ہوا۔ حقیقت یہ ہے کہ مولانا آزاد "الہلال" اور "البلاغ" کی وجہ سے ہمیشہ یاد کیے جائیں گے۔

"الہلال" اور "البلاغ" بیسویں صدی کے آغاز میں اسلامی صحافت کے علمبردار دو اہم اخبار تھے۔ ان کے ایڈیٹر کے قلم کی گونج پورے ملک میں سنائی دیتی تھی اور ان کی آراء لوگوں کی گفتگو کا موضوع بنتی تھی۔ "الہلال" پہلی مرتبہ ۱۳ جولائی ۱۹۱۲ء کو نکلا اور نومبر ۱۹۱۴ء تک مسلسل نکلتا رہا۔ لیکن اپنی انقلابی تحریروں کی وجہ سے انگریز حکومت کے جبر و تشدد کا نشانہ بنا، سیاسی بدامنی پھیلانے کے الزام میں اسے بند کر دیا گیا۔ ۱۲ نومبر

۱۹۱۴ء کو مولانا ابوالکلام آزاد نے دوبارہ اسے " البلاغ " کے نام سے نکالا، لیکن ریاستِ بنگال کی حکومت نے اسے بند کر دیا۔ پھر مولانا ابوالکلام آزاد نے ۱۰ر جون ۱۹۲۷ء کو اسے پھر " الہلال " کے نام سے نکالا لیکن چھ مہینے سے زیادہ نہ نکل سکا اور حالات کی سختی وابتر کی وجہ سے ہمیشہ کے لیے بند ہو گیا۔

جرائد " الہلال " اور " البلاغ " کے مقاصد:

مولانا ابوالکلام آزاد " الہلال " کے نکالنے کا مقصد وہ خود تحریر فرماتے ہیں کہ " الہلال " کے نکالنے کا اصل مقصد قرآن کریم کی تعلیمات کو مضبوطی سے پکڑنے اور حدیث شریف پر عمل کرنے کی دعوت دینا ہے اور یہ کوشش کرنا ہے کہ انسان کی ساری زندگی ان کے تابع ہو جائے، اس کے مقصد میں سیاسی فکر کی تعمیر اور مناسبت سیاسی موقف کو اختیار کرنا بھی ہے۔

صحافت میں مولانا ابوالکلام آزاد کا سیاسی موقف:

مولانا ابوالکلام آزاد ملک کی اندرونی سیاست اور ملک سے سامراج کو نکالنے کی کوشش میں کانگریس کی حمایت کرتے تھے اور اپنے اس موقف پر وہ تازندگی قائم رہے۔ تحریک خلافت کے بھی وہ مؤید تھے۔ تحریک خلافت اور کانگریس میں اتفاق پیدا کرانے میں ان کا اہم کردار تھا۔ مولانا آزاد دین وسیاست سے ملی جلی بامقصد صحافت پیش کرتے تھے، ان کی دعوت تمام تر دینی رنگ میں تھی اور ان کی سیاست پر اسلامی فکر کی چھاپ تھی۔

جرائد " الہلال " اور " البلاغ " اور تحریک آزادی ہند:

آزادی ہند اور سامراج سے جنگ ایسا موضوع تھا، جو مولانا ابوالکلام آزاد کی زندگی پر چھایا رہا۔ مولانا ابوالکلام آزاد ان اہم شخصیات میں سے تھے، جنہوں نے ظالم وجابر

سامراج کے فولادی پنجہ سے آزادی ہند دلانے میں سرگرم حصہ لیا،انہوں نے اپنے ہر اخبار کو انگریز حکومت کے خلاف لکھنے اور اس کو ملک سے نکالنے کی سعی و کوشش کے لیے وقف کردیا تھا۔ان کے بااثر کلمات خشک اور سوکھی گھانس میں شعلہ کی طرح تھے، جن کی آگ بہت کم مدت میں ملک کے ایک کونے سے دوسرے کونے تک پہنچ جاتی تھی۔ مولانا آزاد کو اپنے اس سیاسی موقف کی وجہ سے سخت ترین آزمائشوں سے بھی گزرنا پڑا، باربار قید و بند کی صعوبتیں اٹھانا پڑیں، طویل مدت تک جیل میں رہنا پڑا، مالی جرمانے برداشت کرنے پڑے، لیکن مولانا آزاد اپنے موقف پر قائم رہے۔

جو لوگ انگریز حکومت کی طرف مائل تھے مولانا آزاد انتہائی سخت لہجہ میں ان پر تنقید کرتے تھے، سر سید احمد خان کی جماعت جس کا مرکز علی گڑھ مسلم یونیورسٹی تھا اس کے ساتھ مولانا آزاد کی زبردست قلمی جنگ رہی، مولانا آزاد لکھتے ہیں کہ:

"ان مسلمانوں کی قیادت علی گڑھ مسلم یونیورسٹی کی جماعت کے ہاتھ میں تھی اور اس جماعت کے ارکان خود کو سر سید احمد خان کے متبعین میں سمجھتے تھے اور ان کی سیاست پر یقین رکھتے تھے، ان لوگوں کا یہ عقیدہ تھا کہ تاج برطانیہ سے دوستی و تعلق رکھا جائے اور وطنی تحریکات سے دور رہا جائے۔ لیکن جب "الہلال" نے اپنی جدید دعوت کا آغاز کیا تو ان حضرات کو اپنی لیڈری خطرہ میں نظر آئی، اس لیے انہوں نے اس کی مخالفت شروع کردی"

مولانا آزاد مختلف مذاہب کے پیروکاروں کو ایک پرچم تلے جمع ہو کر برطانوی سامراج سے ٹکر لینے کی دعوت دیتے تھے۔ وہ خاص طور سے ہندوؤں اور مسلمانوں میں قربت اور دوستی چاہتے تھے، ان کی کوشش تھی کہ سامراج کے خلاف سب ایک ہو جائیں۔

جرائد "الہلال" اور "البلاغ" کے بارے میں بعض اہم شخصیات کی آراء :

علامہ سید سلیمان ندوی رحمۃ اللہ علیہ لکھتے ہیں کہ : "حقیقت یہ ہے کہ "الہلال" اور "البلاغ" کا ایسا احسان ہے جسے بھلایا نہیں جاسکتا،وہ یہ کہ تعلیم یافتہ طبقہ میں قرآن کریم کا ذوق پیدا کرکے اسے عام مقبولیت حاصل ہوئی، جس سے اس طبقہ کا ایمان و یقین مضبوط ہوااور جن بلند معانی پر قرآن کریم مشتمل ہے اس کو سمجھنے کے دروازے ان پر کھلے"۔
(مجلہ معارف، اکتوبر ۱۹۳۲ء)

مفکر اسلام علامہ سید ابوالحسن علی حسنی ندوی رحمۃ اللہ علیہ لکھتے ہیں کہ "ہفت روزہ "الہلال" کا آغاز ہوا، جسے مولانا ابوالکلام آزاد نکالتے تھے، اس میں جو مقالات لکھے جاتے وہ آگ کے قلم اور بڑی بلاغت و قوت سے لکھے جاتے تھے، جس کی نظیر ملنا مشکل ہے ،اس میں یورپین صلیبی سیاست پر تنقید ہوتی تھی مسلمانوں میں سے ہزار ہا ہزار اشخاص اسکے پڑھنے کے لئے بے چین رہتے تھے"۔(المسلمون فی الہند)

٭٭٭

میڈیا کا گرتا معیار اور سرسید کا صحافتی کردار
محمد عبّاس دھالیوال

گزشتہ چند برسوں کے دوران فسطائی طاقتوں کی جانب سے صدیوں پرانی گنگا جمنی تہذیب کو جس طرح سے مسمار کیا جا رہا ہے اور ملک کی پر امن فضا میں جس طرح سے فرقہ پرستی کا زہر گھولا جا رہا ہے اور جیسے آجکل اقلیتی طبقہ کو خوف و ہراس میں مبتلا کیا جا رہا ہے اور منصوبہ بند سازشوں کے تحت آئے دن انکے تعلیمی اداروں اور درسگاہوں کو بلا وجہ تشدد کا شکار بنایا جا رہا ہے۔ اسکی مثال دنیا کے کسی دوسرے جمہوری ملک میں شاید ہی دیکھنے کو ملے۔

مذکورہ حالات میں ملک کے میڈیا کی یہ اولین ذمہ داری بنتی ہے کہ وہ عوام کے حقیقی مسائل کو بر سرِ اقتدار ایوان تک پہنچائے اور غریب عوام کے ساتھ ہو رہے استحصال کے واقعات کو منظرِ عام پر لائے اور مذکورہ حالات پیدا کرنے والے ذمیداران کو انکے کیفرِ کردار تک پہنچانے میں عوام کی مدد و نصرت فرمائے۔

اگر ملک میں اس وقت میڈیا کے حوالے سے بات کریں تو اسے ہم لوگ شاید اپنی بد قسمتی ہی کہیں گے کہ چند باضمیر صحافیوں کو چھوڑ کر ایسا لگتا ہے جیسے بقیہ مجموعی پرنٹ و الیکٹرانک میڈیا ایک مخصوص طبقہ کے مٹھی بھر لوگوں کی رائے کو پورے ہندوستانی نظام پر مسلطّ کرنے کی کاوشوں میں لگا ہے۔ محسوس یہ ہوتا ہے کہ جیسے ملک کا میڈیا دانستہ یا نا

دانستہ طور پر اپنی اصل قوت کو کھو کر خود تو گمراہی کے ایک اندھے کنوئیں کی طرف گامز ن ہے ہی ساتھ میں ملک کے مستقبل کو بھی تاریکیوں میں غرق کرنے پہ تلا ہے۔ یقینا میڈیا کی مذکورہ قابل رحم حالت کسی بھی ملک کے جمہوری نظام کے ساتھ ساتھ دیش کے امن وامان کے لیے بھی خطرناک ہے۔

صحافت کی قوت کو محسوس کرتے ہوئے کبھی نیپولین بوناپاٹ نے کہا تھا کہ۔

"I FEAR THREE NEWSPAPERS MORE THEN HUNDRED THOUSAND BAYONETS"

"یعنی میں لاکھوں سنگینوں سے زیادہ تین اخبارات سے خوف زدہ رہتا ہوں"[۳]

جبکہ سر سید کے ہم عصر اکبر الہ آبادی نے صحافت کی طاقت تسلیم کرتے ہوئے کہا تھا کہ۔

کھینچو نہ کمانوں سے، نہ تلوار نکالو

جب توپ مقابل ہو تو اخبار نکالو

آج ملک کے عوام جن پیچیدہ مسائل سے دوچار ہیں ان کے پیشِ نظر سر سید احمد خان کے صحافتی کردار کا مطالعہ کرنا یقیناً بے حد ضروری ہو جاتا ہے۔

سر سیدؒ جنکا نام زباں پہ آتے ہی اسمعیل پانی پتی کی کھینچی ایک قلمی تصویر سامنے آجاتی ہے:

" رنگ سرخ و سفید، چہرہ نہایت پر رعب، پیشانی بلند، سر بڑا، بھویں جدا جدا، آنکھیں متناسب اور نہایت روشن، ناک چھوٹی، کان لمبے، گلے میں بڑی سی رسولی، لمبی داڑھی میں بالکل چھپی ہوئی، جسم فربہ، قد لمبا، ہڈی چوڑی چکلی، ہاتھ پائوں قوی اور زبردست، بدن گٹھیلا اور مضبوط، صورت وجیہ، وزن پورا ساڑھے تین من، لباس ترکی، معاشرت انگریزی۔ یہ تھے جوادالدولہ عارف جنگ ڈاکٹر سر سید احمد خاں مرحوم، بانیِ

علی گڑھ کالج، مجدد زبان اردو، باعثِ تخلیق، مسدس حالی"

(اقتباس۔۔ نقوش لاہور کے 'شخصیت نمبر سے ماخوذ ہے)

کسی ماہر مفکر کے خیال میں اگر کوئی فن پارہ سو سال گزر جانے کے بعد بھی پڑھا جاتا ہے یا اس پہ تحقیقی کام ہوتا ہے تو یہ اسکی عظمت کی دلیل ہے۔ سر سید کی تخلیقات کو آج وجود میں آئے تقریباً ڈیڑھ سو سال کا عرصہ گزر چکا ہے یقیناً یہ انکی عظمت کی دلیل ہی ہے کہ آج ہم لوگ انکی زندگی کے مختلف پہلوؤں سے روشناس ہونے کے لیے اس قومی سیمینار میں جمع ہیں۔

ہمارے اس ملک میں صحافت کا آغاز جیمس اگست ہکی کے اخبار THE BENGAL GAZETTE OR CALCUTTA GENERAL ADVERTISE سے ۱۷۸۰ میں ہوا۔ جہاں تک اردو کے پہلے اخبار جامِ جہاں نما کا تعلق ہے۔ اس ضمن میں ڈاکٹر اختر السلام خورشید نے اپنی تحقیق میں جو شواہد و حقائق رکھیں ہیں وہ زیادہ و درست و قابل اعتماد ہیں، ڈاکٹر صاحب نے جامِ جہاں نما کے دو ہم عصر اخباروں کلکتہ جرنل اور جان بل کے اقتباسات سے یہ ثابت کیا ہے کہ 'جامِ جہاں نما 'ہی اردو کا پہلا اخبار تھا، خورشید نے کلکتہ جرنل کے ۱۸۲۲ء کے فائل کے حوالہ سے اخبار کی اوّلیت ثابت کی ہے۔

اس کے تقریباً ۱۴ برس بعد 'دہلی اردو اخبار' کا آغاز ہوتا ہے اس سلسلے میں پروفیسر ناڈگ کرشنا اپنی کتاب ہندوستانی صحافت "Indian journalism" میں لکھتے ہیں کہ " دہلی اردوخبار کے بارے میں یقین سے کہا جاتا ہے کہ اس کی اشاعت ۱۸۳۶ء میں دہلی سے ہوئی تھی۔ " دہلی اردو اخبار کو مولوی محمد باقر نے نکالا۔ سر سید جنھیں مطالعہ کا بچپن سے ہی شوق تھا نے اعتراف کیا ہے کہ انھوں نے اپنے تشکیلی زمانہ میں دہلی اردو اخبار سے

مسلسل استفادہ کیا۔

جبکہ سر سید کا صحافت سے اصل تعارف انکے بڑے بھائی سید محمد خاں کی جانب سے ۱۸۴۱ء میں جاری سید الاخبار سے ہوا، کیونکہ سید محمد خان ایک سرکاری ملازم تھے اس لیے اخبار کی ادارت کی ذمیداری مولوی عبد الغفو کو سونپی گئی۔ مگر اس اخبار میں زیادہ تر مضمون سر سید خود ہی لکھا کرتے تھے، بھائی کے انتقال کے بعد اخبار کی ادارت کی ذمیداری بھی آپ نے سنبھالی، اس کے علاوہ سر سید کے مضامین اس وقت کے دوسرے اخباروں اودھ پنچ وغیرہ میں بھی شائع ہوتے تھے۔ سید الاخبار آگے چل کر ۱۸۴۹ء میں سر سید کی بے جا مصروفیات کے چلتے بند ہو گیا۔

۱۸۵۷ء کی جنگی ناکامی کے بعد مسلمانوں کے شب و روز کے متعلق نوید پاشا اپنے ایک مقالہ 'سر سید احمد خاں اور رسالہ تہذیب الاخلاق کی اہمیت' میں لکھتے ہیں۔

" سر سید احمد خان کے نزدیک اعلی تعلیم کا حصول مسلمانوں کے تمام مسائل کا حل تھا، ۱۸۵۷ء کی جنگِ آزادی میں ناکامی کے بعد مسلمان اقتصادی طور پر تباہ ہو گئے، ان کی جائیدادیں نیلام ہو گئیں، ان کی جاگیریں ضبط ہو گئیں، اور ہزاروں افراد کو انگریزوں نے انتقامی جذبے کے تحت تختہ ء دار پر چڑھا دیا۔ لاکھوں کھاتے پیتے افراد نانِ شبینہ کے لیے محتاج ہو گئے "۔

مزید آگے لکھتے ہیں کہ:

" مسلمان تعلیم میں بہت پیچھے رہ گئے، سر سید احمد خان کے زمانے میں کلکتہ یونیورسٹی سے ۲۴۰ امیدوار بی۔ اے کے امتحان میں کامیاب ہوئے۔ ان میں صرف ایک مسلمان تھا۔ سر سید احمد خان لکھتے ہیں کہ مسلمانوں کو پنکھا، قلی، مالی، گھسیارے اور کوچوان کے علاوہ کوئی ملازمت نہیں ملتی تھی، وہ تجارت اور تعلیم کے میدان میں، دوسرے فرقوں سے

بہت پیچھے رہ گئے ہیں اور انکا بال بال قرض میں پھنسا ہوا ہے۔ وہ فضول رسمیں ادا کرنے اور رسم و رواج پورے کرنے کے لیے مہاجنوں سے سود پر بڑی بڑی رقمیں لے رہے ہیں ،چوں کہ وہ قرض واپس نہیں کر سکتے اس لیے انکی جائیدادیں مہاجن ضبط کروالیتے ہیں۔"

۱۸۵۷ء کی بغاوت کے ضمن میں سر سید احمد خاں کا خیال تھا کہ اس نے ہندوستانیوں کے اعتبار کو سو برس پیچھے ہٹا دیا:

"اگر یہ واقعہ ظہور میں نہ آتا تو آج ہمارے سینکڑوں جوان والنٹیئرز ہوتے ،ایکٹ اسلحہ کبھی وجود میں نہ آتا اور ہم میں سے بہت سے لوگ فوج کے کپتان اور کرنیل و جرنیل نظر آتے"

قوم کی مذکورہ قابلِ رحم حالت کو دیکھ کر سر سید کے دل میں (ہوک) ٹیس اٹھتی تھی اور وہ چاہتے تھے کہ میری قوم تعلیم کی اہمیت کو سمجھے اور جلد سے جلد جہالت کے اندھیروں سے نکل کر زمانہ کے نشیب و فراز سے واقف ہو، سر سید کی اس فکر کا اندازہ ان کے ان جملوں سے ہم بخوبی لگا سکتے ہیں کہ "جو حال اس وقت قوم کا تھا وہ مجھ سے دیکھا نہیں جاتا تھا، چند روز اسی خیال اور اسی غم میں رہا۔ آپ یقین کیجیے کہ اس غم نے مجھے بڈھا کر دیا اور میرے بال سفید کر دیئے"

سر سید نے اپنے افکار کو عملی جامہ پہنانے کی غرض سے، ۹ جنوری ۱۸۶۴ء کو 'سائنٹفک سوسائیٹی' قائم کی۔ اسی بیچ آپ علی گڑھ آگئے۔ ساتھ ہی سوسائیٹی کا دفتر بھی۔ سوسائیٹی کی جانب سے ۱۸۶۶ء میں سر سید نے ایک ہفت روزہ اخبار کا آغاز کیا۔ سوسائیٹی کے قیام اور اخبار کے حوالے سے سر سید ایک جگہ لکھتے ہیں۔

"اس زمانہ میں میرے خیالات یہ تھے کہ ہندوستان میں علم کے پھیلانے اور ترقی دینے کے لیے ایک مجلس مقرر کرنی چاہیئے جو اپنے قدیم مصنفوں کی عمدہ کتابیں اور

انگریزی کی مفید کتابیں اردو میں ترجمہ کرا کے چھاپے "(اقتباس۔۔ عظیم الشان صدیقی ۔'مشاہیر کی آپ بیتیاں' ص، ۳۳۔ اردو اکادمی دہلی)

اخبار سائنٹفک سوسائٹی میں سرسید نے منفرد خصوصیات کو گویا ایک جگہ یکجا کر دیا تھا۔ یہ اخبار ہندوستانی تاریخ میں قدیم و جدید صحافت کے بیچ ایک پل کی حیثیت رکھتا تھا، اس اخبار نے ملک کی صحافت کو پہلی دفعہ ادارت کی اہمیت سے واقف کرایا۔ اردو صحافت میں اس سے پیشتر اکثر عبارتیں مقفی، اور نثر بوجھل اور غیر ضروری تشبیہوں اور استعارات سے پر ہوتی تھیں، اس کے علاوہ زبان کی آراستگی اور نشست و برخاست پر بے حد زور دیا جاتا تھا، اس تعلق سے سرسید لکھتے ہیں کہ:

"جہاں تک ہم سے ہو سکا ہم نے اردو زبان کے علم و ادب کی ترقی میں اپنے ان ناچیز پرچوں کے ذریعے سے کوشش کی۔ مضمون کے ادا کا ایک سیدھا اور صاف طریقہ اختیار کیا۔ رنگین عبارت سے جو تشبیہات اور استعاراتِ خیالی سے بھری ہوئی، ہوتی ہے اور جس کی شوکت صرف لفظوں ہی لفظوں میں رہتی ہے اور دل پر اسکا کچھ اثر نہیں ہوتا پرہیز کیا اس میں کوشش کی۔ جو کچھ لطف ہو صرف مضمون کی ادا میں ہو جو اپنے دل میں ہو وہی دوسرے کے دل میں پڑے تا کہ دل سے نکلے اور دل میں بیٹھے"

سرسید کے مذکورہ خیالات کی عکاسی اقبال نے کچھ اس انداز میں کی ہے کہ

بات دل سے جو نکلتی ہے اثر رکھتی ہے
پر نہیں طاقتِ پرواز مگر رکھتی ہے

سرسید پہلے ایسے صحافی ہیں جنھوں نے اردو زبان کو پستی سے نکالا اور اسے تصنیفی معیار و مرتبہ دلانے میں بہت اہم رول ادا کیا۔ سرسید نے الفاظ کی خوبصورتی کی جگہ اپنے خیالات کی ترسیل پر توجہ دی، اور ایک سچے اور ایماندار صحافی کا کردار ادا کرتے ہوئے

اردو صحافت کو ایک کھلی فضا میں سانس لینے کا موقع فراہم کروایا۔ مولانا شبلی نعمانی اپنے ایک مضمون میں لکھتے ہیں:

"سر سید کی بدولت آج اردو اس قابل ہوئی کہ اس کو عشق و عاشقی کے دائرے سے نکال کر ملکی، سیاسی، معاشرتی، اخلاقی اور تاریخی غرض ہر طرح کے مضامین اس خوش اسلوبی، وسعت، جامعیت، سادگی اور صفائی سے بیان کر سکتی ہے کہ خود اس کے استاد یعنی فارسی زبان کو یہ نصیب نہ ہوئی"

کہتے ہیں حکمت کی بات مومن کا کھویا ہوا سرمایہ ہے جہاں سے ملے اسے حاصل کر لو۔ اس وقت انگریز قوم تہذیب و تمدن اور تعلیم و تربیت کے ساتھ ساتھ گویا ہر شعبہء زندگی میں ہم اہلِ وطن سے آگے تھی، چنانچہ ۱۸۶۹ء میں سر سید نے انگریزوں کے رہن سہن اور تعلیم و تربیت کے طریقوں کی واقفیت حاصل کرنے کے لیے لندن کا سفر کیا، اس ضمن میں سر سید کہتے ہیں۔

"میرا ایک بڑا مقصد انگلستان کے طریقہء تعلیم کو دیکھنا تھا اور اس پر غور کرنا تھا، چنانچہ اس غرض سے کیمبرج یونیورسٹی کو خود جاکر دیکھا اور ہر بڑی چھوٹی چیز کو غور سے دیکھا، تمام نقشہ ذہن نشین کر لیا اور عام تعلیم پر غور کیا"

جب آپ انگلستان سے واپس آئے تو 'تہذیب الاخلاق' کے اجراء کے موقع پر لکھتے ہیں:

"اس پرچے کے اجراء سے میرا مقصد یہ ہے کہ ہندوستان کے مسلمانوں کو کامل درجے کی سیویلائزیشن یعنی تہذیب اختیار کرنے پر راغب کیا جائے تاکہ جس حقارت سے سیویلائزڈ یعنی مہذب قومیں انکو دیکھتی ہیں وہ رفع ہو جائے"

ایک صحافی کے لیے ضروری ہے کہ وہ اپنے قاری کو ملک کے تمام حالات سے باخبر

رکھے ساتھ ہی روزمرہ زندگی سے جڑی دوسری دلچسپیوں پر بھی اخبار اپنی پینی نظر رکھے۔ سرسید نے اپنے پرچوں میں مذکورہ باتوں کو ملحوظِ خاطر رکھتے ہوئے ہی، زندگی سے وابستہ مختلف موضوعات پر مضامین لکھے، ساتھ ہی ضروری اطلاعات بہم پہنچائیں جیسے علاج معالجے، غلے کی قیمت، تار برقی کا محصول، گھریلو روزگار، ہیئر آئل وغیرہ وغیرہ۔

صحافت پر سرسید کے کردار کی نمایاں چھاپ کا ذکر کرتے ہوئے ڈاکٹر مسعود " اردو صحافت ۱۹ ویں صدی میں "لکھتے ہیں:

" نئے اخبارات کے اجراء کے باوجود بھی حالات اردو صحافت کے حق میں ہموار نہیں ہوئے تھے اور بظاہر اسکا مستقبل تابناک دکھائی نہیں دیتا تھا اور بہت ممکن تھا کہ مسلمانوں کے زوال کے ساتھ یہ اخبارات بھی رفتہ رفتہ دم توڑدیتے، اگر سرسید احمد کی شخصیت حالات کا رخ موڑنے کے لیے میدانِ عمل میں کود نہ پڑتے "

سرسید "خطباتِ احمدیہ" پر کسی انگریز کے تاثرات بیان کرتے ہوئے لکھتے ہیں:

" ۱۸۷۰ء میں جبکہ خطباتِ احمدیہ چھپ کر لندن میں شائع ہوئی تو اس پر لندن کے ایک اخبار میں کسی انگریز نے لکھا تھا کہ عیسائیوں کو ہوشیار ہو جانا چاہیے کہ ہندوستان کے ایک مسلمان نے انھیں کے ملک میں بیٹھ کر ایک کتاب لکھی ہے جس میں اس نے دکھایا ہے کہ اسلام ان داغوں اور دھبوں سے پاک ہے جو عیسائی اس کے خوش نما چہرے پر لگاتے ہیں"

تہذیب الاخلاق اپنے مقصد میں کہاں تک کامیاب ہوا اور اسکا اثر کس پر کتنا ہوا یا نہیں ہوا۔ اسکا خلاصہ کرتے ہوئے حالی لکھتے ہیں:

" تہذیب الاخلاق کے جاری ہونے سے رفتہ رفتہ ایک (معتد بہ) گروہ ایسا بھی پیدا ہو گیا جو اس پرچہ کا ایسا ہی دلدادہ تھا جیسے انگلستان والے ٹیٹلر اور اسپیکٹیٹر کے دلدادہ

تھے، وہ اس کے مضامین پر وجد کرتے تھے اور تاریخ معین پر اسکے انتظار میں ہمہ تن چشم رہتے تھے ،اگر سرسید یہ پرچہ جاری نہ کرتے اور مسلمانوں کے خیالات کی اصلاح کا اظہار چھوڑ دیتے، بلکہ صرف ان کی تعلیم کا انتظام کرتے تو ظاہراًان کی مخالفت کم ہوتی بلکہ شاید نہ ہوتی، مگر اس کے ساتھ ہی اعانت اور امداد بھی کم ہوتی اور جو تحریک چند سال میں مسلمانوں میں پیدا ہو گئی اس کا صدیوں تک کہیں نام و نشان نہ ہوتا"

(اقتباس۔۔اخذ۔۔آب حیات۔ص۔۱۶۵)

ناوید پاشا اپنے ایک مضمون تہذیب الاخلاق کے مشن کے متعلق لکھتے ہیں کہ "سر سید احمد خان نے 'تہذیب الاخلاق' کے مضامین میں کوشش کی کہ ہندوستان کی مختلف اقوام خصوصاً ہندوئوں اور مسلمانوں میں آپس کی رنجشیں اور نفسا نفسی ختم ہو اور تمام قومیتیں ایک پلیٹ فارم پر بیٹھ کر ہندوستان کے تمام باشندوں کے لیے ان کی فلاح، ترقی کے لیے کام کریں۔ سرسید نے ہندو اور مسلمانوں کو ایک دلہن کی دو آنکھیں قرار دیتے ہوئے انھیں صلح و میل ملاپ سے رہنے کی تلقین کی۔یہی تہذیب الاخلاق کا مشن تھا"

بات عہدِ حاضر کی کریں تو مذہبی جھگڑوں سے دونوں ہی فرقوں کے لوگ اس قدر تنگ آچکے ہیں کہ بقول ایک شاعر:

مذہب کے نام پر یہ فسادات دیکھ کر
ہندو ہے غمزدہ تو مسلماں اداس ہے

سرسید نے میدانِ صحافت میں جو سنگ میل قائم کیے ہیں اور جس غیر جانبدارانہ اور حکیمانہ انداز میں آپ نے صحافت کی ہے اور اگر آج انھیں گراں قدر اصول و ضوابط کو ملحوظِ خاطر رکھتے ہوئے صحافت سے وابستہ لوگ عمل پیرا ہوں، تو یقیناً ہمارا ملک دنیا کا بہترین ملک اور ہماری قوم حقیقی معنوں میں مہذب قوم بن سکتی ہے۔

آخر میں سرسید کے تعلق سے یہی کہوں گا کہ

دیتا رہوں گا روشنی بجھنے کے بعد بھی
میں بزمِ فکر و فن کا وہ تنہا چراغ ہوں

***

سر سید احمد خاں کی صحافتی خدمات

عبد القادر

اٹھارہ سو ستاون کے خونیں انقلاب کے بعد مسلمانوں کے لئے حالات بد سے بد تر ہو چکے تھے اور اس انقلاب سے سب سے زیادہ نقصان ہندوستانی مسلمانوں کا ہوا تھا۔ ایک تو ان پر بغاوت کا الزام لگا دوسرے انہیں سماجی، معاشی و تعلیمی ترقی میں پیچھے کر دیا گیا۔ اور انگریزی سامراج کے ان سازشی اقدامات کہ وجہ سے مسلمان جہل وافلاس کی تاریکیوں میں ڈوبتے جا رہے تھے۔ اس ضمن میں اگر ہم آج کے حالات کا جائزہ لیں تو ہم یہ کہ سکتے ہیں کہ آج ہندوستانی مسلمان تعلیمی اعتبار سے کافی اچھے ہیں اور زندگی کے مختلف شعبوں کے لئے کوششیں کر رہے ہیں۔ لیکن اُس وقت کے حالات اتنے بد تر ہو چکے تھے کہ نہ کوئی پرسان حال تھا اور نہ ہی انکی حالات زار پر کوئی رونے والا۔

ایسے نازک وقت میں سر سید احمد خاں نے ہندوستانی مسلمانوں کی زبوں حالی کو ختم کرنے کا بیڑہ اٹھایا اور اس عزم کو کامیاب بنانے کے لئے علم و عمل ہر دو سطح پر نمایاں خدمات انجام دیں۔ سر سید کی ان نمایاں خدمات میں ان کی صحافت کا بھی شمار ہوتا ہے۔ سر سید نے اپنی زندگی کو قوم کے لئے وقف کر دیا تھا ان کی کوششوں کی بدولت ہی مسلمان تعلیم اور دیگر شعبوں کی جانب متوجہ ہوئے۔ سر سید احمد خاں نے اپنے ناتواں کندھوں پر پوری قوم کا بار اٹھایا اور قوم کی کامیابی کے لئے اپنے عیش و آرام اپنے اوقات

اور اپنا سب کچھ قربان کر دیا۔ اسی لئے ان کے بعد بھی ان کے کارنامے اور ان کا فیض زندہ ہے۔

صحافت کا پہلا دور:۔

سر سید نے صحافتی زندگی کی شروعات اپنے بھائی سید محمد خاں کے اخبار سید الاخبار سے کی تھی۔ یہ اخبار ہفتہ وار تھا اور اس کی قیمت دو روپیہ ماہانہ تھی۔ اس اخبار کے مالک سر سید کے بڑے بھائی سید محمد تھے، اخبار کی اشاعت کے آغاز کی تاریخ میں اختلاف پایا جاتا ہے۔ محمد عتیق صدیقی کے مطابق یہ اخبار ۱۸۳۷ میں شروع ہوا تھا جب کہ نادر علی خاں نے اس کا سنہ اشاعت ۱۸۴۱ لکھا ہے۔ مرزا غالب کے اردو دیوان کا پہلا ایڈیشن سید الاخبار کے مطبع سے ہی شائع ہوا تھا اور سر سید کی مشہور و معروف کتاب آثار الصنادید بھی ۱۸۴۷ میں اسی مطبع سے شائع ہوئی تھی۔ سید االاخبار کو دہلی کے لوگ دم الاخوان بھی کہا کرتے تھے۔ یہی وہ اخبار تھا جس سے سر سید نے پہلی بار صحافت کی دنیا میں قدم رکھا اور آگے چل کر اخبار نویسی میں انہیں ایک معتبر مقام حاصل ہوا۔

اس اخبار کے مضامین وکلاء عام لوگوں کے مسائل، روز مرہ کے کام کاج کے متعلق ہوتے تھے کبھی کبھی اخبار میں فن تعمیر مختلف تاریخی عمارات کا بھی ذکر کیا جاتا تھا۔ خاص طور سے اس اخبار میں جون پور کی تاریخی عمارتوں پر لکھے مضامین ہوتے تھے۔ سید الاخبار کے علاوہ سر سید کے مضامین اس وقت کے دوسرے اخباروں اودھ پنچ وغیرہ میں بھی شائع ہوتے تھے۔ سر سید احمد خاں نے اردو صحافت کو ایک نیا رخ اور نئ زمین عطا کی اور صحافت کو ایک مشن کی طرح استعمال کیا۔ ایسا بھی نہیں ہے کہ انہوں نے اپنے اس مشن کی وجہ سے صحافت کے فن سے روگردانی کی ہو۔ ان کا صحافت سے متعلق ایک تعلیمی

نظر یہ تھا ایک خاص مقصد تھا اور اپنے اس مقصد کی تکمیل میں وہ پوری طرح سے کامیاب ہوئے۔

صحافت کا دوسرا دور:۔

سرسید کی صحافت کے دوسرے دور کو ہم انکی صحافت کا سنہری دور کہہ سکتے ہیں۔ سر سید پہلے اپنے بھائی کے اخبار میں طبع آزمائی کر رہے تھے اور دوسرے اخبارات میں لکھ رہے تھے لیکن پھر انہوں نے اپنا اخبار شروع کیا اور صحافت کے میدان میں اپنی فتح کا نشان لہرا دیا۔ ان کی اخبار نویسی نے بعد میں اخباروں کو صحافت کے رخ متعین کرنے میں مدد دی۔ ۱۸۵۷ کی بغاوت نے مسلمانوں کو جاہلیت اور پسماندگی کے پر آشوب دور میں لاکھڑا کیا تھا اور مسلمان اس تباہی سے نکل نہیں پا رہے تھے۔ اس وقت ایسے حالات بن چکے تھے کہ انگریز مسلمانوں کو ہی اس بغاوت کا ذمہ دار سمجھ رہے تھے۔ ان حالات میں سرسید جیسا مرد مجاہد کھڑا ہوتا ہے اور انگریزوں کے سامنے صفائی پیش کرتا ہے کہ مسلمان اس بغاوت کے ذمہ دار نہیں تھے۔

سرسید نے رسالہ "اسباب بغاوت ہند" لکھا اور انگریزوں کو بغاوت کی وجوہات بتانے کی کوشش کی۔ اور اس بات کو بھی غلط ثابت کیا کہ مسلمانوں نے انگریزوں کے خلاف جہاد کا اعلان کیا تھا۔ اس سلسلے میں سرسید نے اپنی مثال دی اور کہا کہ میں نے مسلمان ہوتے ہوئے بھی انگریز حاکموں کی ساری رات پہرے داری کی ان سب باتوں کے علاوہ سرسید نے فساد کے اصل سبب کو سامنے لانے کی کوشش کی۔ رعایا کی غلط فہمی، یعنی رعایا نے حکومت کی تجاویز کا مطلب غلط سمجھا۔ حکومت نے ایسے قانون و ضوابط جاری کیے جو ہندوستانیوں کے عادات کے مطابق نہیں تھے، حکومت رعایا کے اصل

حالات اور مصائب سے ناواقف رہی، حکومت نے بعض ایسی باتیں ترک کر دیں۔ جن کی موجودگی ضروری تھی۔ فوج کی بد انتظامی۔ ان وجوہات سے صاف ظاہر ہوتا ہے کہ مسلمان کسی بھی طرح اس بغاوت کے ذمہ دار نہیں تھے۔ اس رسالے کے لکھنے کے بعد سر سید نے ہمت و جرأت کا مظاہرہ کرتے ہوئے رسالہ اسباب بغاوت ہند لکھ کر اس کی کاپیاں نہ صرف ولایت بھیجیں بلکہ اس کی ایک کاپی گورمنٹ آف انڈیا کو بھی ارسال کر دی سر سید کی یہ پہلی کوشش تھی جسے ہم انگریزوں کے سامنے ایک علم بغاوت کا نام دے سکتے ہیں۔ اس لیے اس وقت ایک ٹھوس قدم اٹھانے کی ضرورت پڑی۔ انہوں نے اس بات پر پوری تحقیق کی کہ آخر مسلمانوں پر الزام کیوں لگائے گئے۔

سائنٹفک سوسائٹی:۔

سر سید کا خیال تھا کہ مسلمانوں کی سماجی، سیاسی اور معاشی پسماندگی اس وقت تک دور نہیں ہو سکتی جب تک کہ ایک منظم تحریک یا مشن کی شکل میں کوشش نہ کی جائے۔ اور ایسا کرنے کے لئے عوام کے خیالات میں، ان کے احساسات میں تبدیلی لانا لازمی ہے۔ ان کا عقیدہ تھا کہ نئے خیالات اور اعلیٰ تعلیم حاصل کر کے ہی توہم پرستی اور جہالت کے اندھیروں سے باہر نکلا جا سکتا ہے۔ مسلمانوں پر چھائے ہوئے پسماندگی کے گھرے کہرے کو دور کرنے کے لئے ضروری تھا کہ ایک انجمن قائم کی جائے۔

چنانچہ اس مقصد کو مد نظر رکھتے ہوئے ۱۸۶۳ میں غازی پور سائنٹفک سوسائٹی کی شروعات کی گئی اس سوسائٹی کا پہلا جلسہ کا ۹ / جنوری کو غازی پور میں ہوا تھا اس جلسے کا انعقاد سر سید نے اپنے ہی مکان پر کیا تھا۔ اسی سال جب وہ غازی پور سے علی گڑھ آئے تو سائنٹفک سوسائٹی بھی ان کے ساتھ ساتھ علی گڑھ منتقل ہو گئی۔ ہندوستان میں اس وقت

کے پر آشوب دور میں ایک تنظیم قائم کرنا اور وہ بھی ایسی تنظیم جو تمام جدید اصولوں اور سائنٹفک قوانین پر منحصر ہو۔ سر سید نے اپنی کوششوں سے سوسائٹی کو کامیاب بنایا ہر مہینہ جلسوں کا اہتمام کرنا مضامین جن پر لکچر ہوتے تھے وہ خاص طور سے مسلمانوں کی تعلیم و تربیت کے تعلق سے ہوتے تھے۔

۱۴ فروری ۱۸۶۶ کو سوسائٹی کے اخبار کی شروعات ہوئی یہ اخبار پہلے ہفتہ وار تھا لیکن بعد میں ہفتے میں دوبار نکلنے لگا اس اخبار کا اداریہ سر سید خود ہی لکھا کرتے تھے۔ اس اخبار نے اردو صحافت میں ایک نیا تعمیری نظریہ پیش کیا۔ اس اخبار میں سوشل، اخلاقی ،علمی اور سیاسی ہر طرح کے مضامین چھپتے تھے۔ ساتھ ہی خبروں کو بھی جگہ دی جاتی تھی۔

اخبار سائنٹفک سوسائٹی:۔

ہندوستان میں ۱۸۲۲ سے اردو صحافت کی شروعات ہوتی ہے اس وقت سے لیکر ۱۸۵۷ اور اس کے بعد تک اردو صحافت ترقی کی کئی منزلیں طے کر چکی تھی۔ اس سفر میں رام موہن رائے، مولوی باقر، سید محمد خاں، ماسٹر رام چندر، منشی کنول کشور جیسے لوگوں نے صحافت کو نئی جہتوں سے روشناس کرایا۔ لیکن اب بھی اردو صحافت کا ایک سیدھا رخ متعین نہیں ہوا تھا صحافت کا مقصد ابھی تک پوری طرح سے واضح نہیں تھا سر سید احمد خاں نے اخبار سائنٹفک سوسائٹی سے اردو صحافت میں ایک نئی شروعات کی اور اپنی صحافت کا ایک معیار ایک نصب العین بنایا جس سے اردو زبان و ادب، قوم و ملک، معاشرے اور صحافت کے جہاں میں بڑی تبدیلیاں رونما ہوئیں۔

سر سید احمد خاں نے اپنے صحافتی سفر میں کاغذ اور ٹائپ وغیرہ کا بھی خاص خیال رکھا تھا۔ طباعت صاف ستھری ہو تکنیکی باتوں پر بھی ان کی نظر رہتی تھی ان چھوٹی چھوٹی

باتوں کو ذہن میں رکھتے ہوئے انھوں نے صحافت کے میدان میں اپنی کامیابی کا لوہا منوایا۔ ایک کامیاب صحافی بننے کے لئے اس کا دولت مند ہونا ضروری نہیں بلکہ ذہنی استعداد، سچی لگن اور حوصلہ مندی اسے ایک کامیاب صحافی بناتی ہے۔ سب سے اہم بات یہ ہے کے صحافت کا ایک مقصد ہو تبھی وہ اچھا نڈر اور بے باک صحافی بن سکتا ہے۔ اردو صحافت کی تاریخ میں گنے چنے نام ایسے صحافیوں کے ہیں اور ان میں ایک نام سر سید احمد خاں کا ہے جنہوں نے نہ تو مذہب کے ٹھیکے داروں کی پرواہ کی اور نہ ہی حکومت کی بس اپنی صحافیانہ کوششوں سے عوام کو بیدار کرتے رہے۔

٭٭٭

اردو صحافت کا عظیم سپاہی: حفیظ نعمانی

عطیہ بی

جوش میں سرشار تحریروں کا قلم کار، عظیم صحافی، معروف ادیب حفیظ نعمانی کا انتقال ایک ایسا سانحہ ہے جس نے لکھنؤ کی ادبی فضا کو سوگوار کر دیا۔ آسمان ادب وصحافت ایک درخشندہ ستارہ سے محروم ہو گیا۔ ایک ایسا روشن ستارہ جو اردو صحافت کے میدان میں کلدیپ نیّر کے انتقال کے بعد اپنی چمکدار تحریروں کی وجہ سے سب پر بھاری تھا نیز حق اور صداقت کو لوگوں کے سامنے لانے میں کسی طرح کا عذر نہ کرتا، ہمیشہ کے لیے خاموش ہو گیا۔

اناللہ وانا الیہ راجعون۔

حفیظ نعمانی کا حادثہ وفات صرف ان کے اہل خانہ کے لیے ہی نہیں بلکہ اردو سے دلچسپی رکھنے والے ہر حساس شخص کے لیے ایک بڑا سانحہ ہے جس سے باہر آنے میں یقینا وقت لگے گا۔

حفیظ صاحب کی تحریروں کی ایک بڑی خوبی یہ تھی کہ وہ صبح اُٹھنے کے بعد جس طرح چائے کی طلب ہوتی ہے ٹھیک اسی طرح قارئین ان کے کالم کے مطالعے کے لیے اخبار کا انتظار کرتے تھے۔ حفیظ صاحب کی پیدائش سنبھل کے ایک معززز میندار نیز عملی گھرانے میں ضرور ہوئی مگر ان کا تعلق لکھنؤ سے اتنا گہرا ہو گیا تھا کہ نھیں حفیظ نعمانی

لکھنوی ہی کہا جانا چاہیے۔ از خود انھوں نے بھی لکھنؤ میں اپنی ایسی دنیا بسالی تھی کہ انکا سنبھل سے تعلق برائے نام ہی رہ گیا تھا۔ حفیظ نعمانی کے والد بزگوار مولانا منظور صاحب نعمانی ایک عالم دین تھے۔ انھوں نے اپنے چاروں بیٹوں کو علم دین کی تعلیم حاصل کرائی۔ حفیظ صاحب اپنے بھائیوں میں تنہا تھے جنھوں نے قرآن مجید کا حفظ بھی کیا جو اپنے آپ میں ایک بڑا اعزاز ہے۔ حفیظ صاحب نے حصول علم کے بعد اپنے لیے ایک نئی راہ منتخب کی۔ انھوں نے صحافت کو اپنا اوڑھنا بچھونا بنالیا۔ روزنامہ تحریک سے لے کر اودھ نامہ تک حفیظ صاحب نے مختلف اخبارات کے لیے مضامین قلم بند کیے۔

۱۹۵۵ء میں انھوں نے اپنے چند دوستوں کے ساتھ مل کر " تحریک " اخبار نکالا۔ بقول شارب ردولوی "تحریک" حفیظ کی پہلی تربیت گاہ تھی۔ یہ اخبار چند ماہ نکلنے کے بعد بند ہوگیا اس کے بعد انھوں نے بحیثیت پرنٹر. پبلشر ندائے ملت نکالا۔ ۱۹۶۲ سے ۱۹۶۸ تک وہ اس سے جڑے رہے۔ ۱۹۶۵ میں اخبار کا ایک خاص نمبر نکالنے کے پاداش انھیں زنداں کی صعوبتیں برداشت کرنا پڑیں۔

ندائے ملت کے بعد حفیظ صاحب " عزائم " کے شعبۂ ادارت میں بھی شامل رہے۔ اس کے بعد مستقل دس برس تک ان دنوں کے لئے پابندی سے مضامین قلم بند کیے۔ ان دنوں کے بعد جدید عمل سے وابستہ ہوگئے۔ یہ سلسلہ بھی تقریباً ۵ برس تک قائم رہا۔ خواجہ یونس کے اپنا اخبار اور اودھ نامہ کے لئے آخری زمانے تک لکھتے رہے۔ اپنی زندگی کے آخری دس برسوں میں وہ اپنی حق گوئی کی وجہ سے ہندوستان کے سیکڑوں اخبارات میں پابندی کے ساتھ چھپے۔ یہیں سے ان کا حلقہ احباب بھی بڑھنے لگا۔

بقول اعظم شہاب:

"انھیں پڑھنے کے بعد کسی اور کو پڑھنے کی ضرورت نہیں ہوتی تھی"۔

آخری زمانے میں ان کی صحت شاید کافی خراب رہنے لگی تھی لیکن وہ اس سب کے باجود ایک سپاہی کی طرح سرحد پر ڈٹے رہے اور بھرپور نگرانی کرتے رہے۔ انھوں حقیقی رہنما کا کردار ادا کیا۔ وہ اپنی زندگی کے آخری زمانے میں بیماریوں سے لڑتے رہے، لیکن ذرا طبیعت سنبھلتی تو کاغذ اور قلم سے اپنا رشتہ جوڑ لیتے اور ایک نئے جوش اور جذبے کے ساتھ اپنے فرائض انجام دیتے۔ ان کا مخصوص لب ولہجہ، بے باکانہ انداز آج کے دور میں کسی اور صحافی کے پاس دیکھنے کو نہیں ملتا۔ وہ سچائی اور حق کے علم بردار تھے۔ سچ کہنے سے کبھی نہیں ڈرے۔

مجھے افسوس ہے کہ میری حفیظ صاحب سے باقاعدہ کوئی ملاقات نہ ہو سکی البتہ میں ان کی تحریروں کے ذریعہ ان سے ملتی رہی۔ میں نے انھیں خوب پڑھا اور ان سے بہت کچھ سیکھا ہے۔ وہ بہت کم تقاریب میں جاتے تھے، لیکن جہاں بھی نظر آتے تو ان کی رعب دار شخصیت کی وجہ سے کبھی ان سے ملاقات کی ہمت ہی نہیں ہوئی البتہ دور سے بیٹھ کر انھیں دیکھتی رہتی اور یہی کیا کم ہے کہ ہم نے حفیظ صاحب کو دیکھا ہے۔

حفیظ صاحب کا قلم حساس بھی تھا اور سچا بھی۔ ان کی تحریروں میں وہ جادو پنہا تھا کہ جو کوئی ان کی تحریر کو پڑھتا اس کا اسیر ہو جاتا۔ انہوں نے کبھی سچ لکھنے سے سمجھوتہ نہیں کیا۔ جو محسوس کیا وہی لکھا۔ یہ ان کی ایسی خوبی تھی جو دور دور تک نظر نہیں آتی۔ حفیظ صاحب کے جانے سے اردو صحافت کے میدان میں جو خلا پیدا ہوا ہے اس کا پُر ہونا فی زمانہ ناممکن ہے۔ خدا نے ان کو بے شمار خصوصیات سے نوازا تھا، مجھ جیسی کم علم کے لیے ان کی تحریروں کے تعلق سے کچھ بھی بیان کر پانا ناممکن ہے۔ یہ چند سطریں حفیظ صاحب کو خراج عقیدت پیش کرنے کی غرض سے اپنی بھرپور نااہلی کے ساتھ قلم بند کی ہیں۔ ان تاثرات کو لکھنے میں "قلم کا سپاہی" نام کی کتاب سے کافی مدد ملی۔

آج حفیظ صاحب ہمارے درمیان نہیں ہیں۔ مگر ان کی تحریریں مشعل راہ بن کر ہمارے ساتھ تا عمر رہیں گی۔ اللہ تعالیٰ ان کی مغفرت فرمائے اور جنت الفردوس میں اعلیٰ مقام عطا فرمائے۔ آمین۔

* * *

سید فخر الدین بلّے: ادب و صحافت و ثقافت کا قطب مینار

ڈاکٹر امام اعظم

مصرعۂ اقبال "ولایت، پادشاہی، علم اشیا کی جہاں گیری" اگر کسی پر صادق آتا ہے، تو وہ تھے سید فخر الدین بلّے صاحب جن کے ذوقِ جدت سے کبھی ترکیب پایا تھا مزاجِ روز گار — روایت ہے کہ سلطان الاولیاء خواجہ معین الدین چشتی اجمیریؒ اپنے صاحبزادہ فخر الدین کو پیار سے 'بلّے' کہہ کر پکارتے تھے۔ ہاپوڑ ضلع میرٹھ کے ایک خانوادۂ چشتیہ میں ۶/اپریل ۱۹۳۰ء کو جولڑ کا تولد ہوا، اس کے والد سید غلام معین الدین چشتی نے اپنے جدامجد کی روایت تازہ کرتے ہوئے اپنے بچے کا نام سید فخر الدین رکھا اور 'بلّے' کہہ کر پکارنے لگے۔ لہٰذا بلّے ان کے نام کا جزو لاینفک ہو گیا۔ حضرت خواجہؒ سے خوش عقیدگی کی اس نسبت نے سید فخر الدین بلّے کا دنیائے علم وادب، ثقافت وصحافت اور ایوانِ اقتدار تک میں "بلّے بلّے" کر دیا۔ ہاپوڑ دو چیزوں کی وجہ سے بہت مشہور ہے؛ ایک پاپڑ اور دوسرے بابائے اردو مولوی عبدالحق لیکن بلّے صاحب کے لازوال کارناموں نے بھی ہاپوڑ کے دامنِ شہرت میں ایک تیسر استارہ ٹانک دیا۔

بلّے صاحب نے مقامی اسکول کے ذریعہ ۱۹۴۲ء میں الہ آباد سیکنڈری بورڈ سے میٹرک کیا اور علی گڑھ مسلم یونیورسٹی چلے گئے جہاں سے ۱۹۵۲ء تک تعلیم حاصل کر کے ایم۔ایس۔سی (جیالوجی) اور جامعہ اردو علی گڑھ سے ادیب کامل کیا۔ تقسیم ہند کے قبل

تحریک پاکستان کی آندھی چلی، اس میں بلّے صاحب ایسے بہے کہ تحریک پاکستان کے اجتماعات میں مقبول چائلڈ اسپیکر کی حیثیت سے مشہور ہوئے۔ پھر آل انڈیا مسلم اسٹوڈنٹس فیڈریشن کے جوائنٹ سکریٹری کی حیثیت سے تحریک کو تقویت دیتے رہے اور فراغتِ تعلیم کے بعد ۱۷/ نومبر ۱۹۵۲ء کو ہجرت کر کے کراچی، پاکستان پہنچ گئے۔ ۱۹۵۳ء میں محکمہ اطلاعات و تعلقات عامہ کے آفیسر کی حیثیت سے بہاولپور میں پہلی پوسٹنگ ہوئی۔ یوں تو عہدہ جاتی تبادلوں اور ترقی نے انہیں محکمہ در محکمہ گھمایا یہاں تک کہ مقتدر اعلیٰ کے درباروں تک پہنچایا مگر شہر اولیاء ملتان انہیں زیادہ بھایا۔ اس لئے ۱۹۹۰ء میں سبکدوشیٔ ملازمت کے بعد یہیں مقیم رہے اور ۲۸/ جنوری ۲۰۰۴ء کو انتقال کیا لیکن پہلی سکونت گاہ بہاولپور ہی ان کی آخری قیام گاہ ٹھہرا اور یہیں مدفون ہوئے۔

موصوف کا تعلق خانوادۂ صوفیا سے ہے اس لیے تصوف کا درک موروثی تھا۔ ان کا خانوادہ سر سید تحریک اور پھر آزادی کی تحریک میں بھی پیش پیش رہا لہٰذا انہیں بچپن سے زعمائے ملت و قوم اور ادباء و شعراء مثلاً مولانا ابوالکلام آزاد، ڈاکٹر ذاکر حسین، مولانا حسرت موہانی، بابائے اردو مولوی عبدالحق، پروفیسر رشید احمد صدیقی، جگر مرادآبادی، تلوک چند محروم، علامہ نیاز فتح پوری، علامہ سیماب اکبر آبادی، سر شاہ نواز بھٹو، مولانا عبدالسلام نیازی سمیت نامور و قد آور شخصیات کی صحبتوں میں بیٹھنے اور ان سے فیض پانے کے مواقع ملے۔ اس وجہ سے سائنس کے طالب علم ہونے کے باوجود ان کے مطالعے کا دائرہ علم و ادب و فنون لطیفہ کے متعدد شعبوں میں محیط تھا اور ان کے تفنن طبع نے بھی شوقِ مطالعہ کو تنوع بخشا۔ اس لئے ان کو تقریر و تحریر دونوں پر ایسی قدرت حاصل ہوئی کہ طلبا، اساتذہ اور اکابرین کے طبقے میں مقبول رہے۔ اس بابت ممتاز ناقد ڈاکٹر وزیر آغا نے جو تحریر ثبت کی اس پر کہیں بھی انگلی رکھنا ممکن نہیں کہ:

"قدرت نے انہیں اعلیٰ ذوقِ نظر ہی عطا نہیں کیا، دل کی بات کو لفظوں میں ڈھالنے کا گُر بھی سکھایا ہے۔ ان کی نثر اتنی پختہ، نین نقش کی اتنی صحیح اور لفظوں کے انتخاب کے معاملے میں اس قدر سخت مزاج ہے کہ کسی فقرے پر تو کجا، ان کے استعمال کردہ لفظ پر بھی انگلی رکھنا بہت مشکل ہے۔ اس پر مستزاد ان کا وسیع مطالعہ ہے۔ انہوں نے کتابوں کو خود پر لادا نہیں بلکہ انہیں کو ھضم کیا ہے اور پھر ان کے مطالبہ کو اپنی سوچ سے ہم آہنگ کر کے بڑے خوبصورت انداز میں لفظوں کے حوالے کر دیا ہے۔"

خوش مزاجی اور خوش لباسی انہیں باوقار اور پُر تمکنت بناتی تھی تو ان کی خوش گفتاری ایسی تھی کہ جو ان سے ملتا گرویدہ ہو جاتا، جس اسٹیج سے خطاب کرتے مجمع کو مسحور کر دیتے، تواضع ان کا خاصّہ اور مروّت ورواداری ان کا شعار رہی۔ اس طور فعال و باغ و بہار زندگی انھوں نے گذاری۔

بیت بازی کے چسکے نے شعری شعور پیدا کیا تو ۱۹۴۴ء سے شاعری شروع کر دی۔ شعری مقابلوں اور مشاعرہ میں پُرجوش شرکت کی مشق میں تخلیقی جوہر کھلے تو مروجہ تمام شعری اصناف پر مشقِ سخن کیا اور خوب کیا۔ ریاضت نے فنی ترفع عطا کیا تو سات سو سال بعد امیر خسروؒ کی مروجہ دو صنف "قول" اور "رنگ" کی تجدید کی اور عصری شاعری کو" نیا قول" اور "نیا رنگ" دیا۔ صوفیانہ قوالی میں "قول" سے قوالی کا آغاز ہوتا ہے اور "رنگ" پر اختتام ہوتا ہے۔ بلّے صاحب نے اپنی جدّتِ طبع سے حضرت بہاء الدین زکریا ملتانیؒ کے عرس میں گائی جانے والی قوالیوں کو نئے رنگ و آہنگ سے آراستہ کیا۔ اپنے عہد کے خاصے پرگو شاعر تھے۔ صوفیت کے خمیر نے ان سے خاصی قوالیاں، قطعات، حمد، نعت اور مناقب بھی لکھوائیں۔ ان کے علاوہ ان کی نظموں کا مجموعہ ہے "سوچ سفر"۔ اس مجموعہ میں خوشگوار، پرزور اور پردرد نظمیں ہیں۔ کلاسیکی اور نئے آہنگ و رنگ کی نظمیں

ہیں تو آزاد نظمیں اور ہائیکو بھی ہیں۔ انہوں نے شاہکار نظمیں بھی دی ہیں جیسے پابند نظموں میں " بھیگی صبح "۔ اس میں ملتان کی تاریخی حیثیت کو دلکش انداز میں اجاگر کیا ہے۔ نظم " یارانِ کرم " کوئٹہ کی برف باری سے متاثر ہو کر لکھی۔ اس میں منظر نگاری اور روانی و نغمگی غضب کی ملتی ہے۔ اس نظم کے آخری چار مصرعے دیکھیں:

یہ برف ہے یا مرگ و قیامت کی نشانی
ہے رنگ، ہو جیسے کسی بیوہ کی جوانی
واللہ کہ ایمان لرزتا ہے دلوں میں
آتش کدے آباد مساجد میں گھروں میں

اس سے ہی اس نظم کے تیور کا بخوبی اندازہ ہو جاتا ہے۔ ایسی ہی آزاد نظموں میں " تسخیر " بھی ہے۔ ان کی نظمیں پابند ہوں یا آزاد، ان میں لفظ و خیال کا رچاؤ ایسا ہوتا ہے کہ قلب و ذہن کو مسخر کر لیتا ہے۔ نظم " نزول قرآن " اس کی تابندہ مثال ہے۔

ایسے ہی عنوان پر مبنی ان کی غزلوں کا مجموعہ 'سوچ رنگ " بھی ہے۔ ایسا اس لئے ہے کہ بقول بلّے صاحب:

سوچ کے آسماں سے اتری ہے
دل کے آنگن میں چاندنی چپ چاپ

ان کی غزلوں میں عشق مجازی، عشق حقیقی، ناز و غمزے، مسائل تصوف، مسائل روزگار، کشمکش حیات کی ترنگیں، عصری حسّیت کی لہریں، بدلتے اقدار اور تہذیبی تصادم کی عکسیں قدیم و جدید دونوں رنگوں میں جلوہ گر ہیں۔ ڈاکٹر وزیر آغا نے ۱۹۷۹ء میں سرگودھا سے ان کے تبادلہ پر منائی گئی ایک شام میں پڑھے مضمون میں لکھا تھا:

" پچھلے دنوں مجھے ان کی بیاض دیکھنے کا اتفاق ہوا تو میں ان کے رنگ دیکھ کر دنگ رہ

گیا لیکن میں چونکہ جدیدیت کا والہ وشیدا ہوں اس لئے میں ان کی جدید رنگ کی غزلوں پر سر دُھنتا رہا۔ ابھی تک میں اُن کی غزلوں کے سحر سے باہر نہیں آ سکا۔"

بلّے صاحب کا اشہب قلم اتنا برق رفتار تھا کہ تصوف، تخلیق، تنقید، صحافت و کالم نگاری، تمثیل نگاری اور اسٹیج آرٹ کے میدانوں کو سر کرتا چلا گیا۔ ڈیڑھ سو سے زائد ان کی تصنیفات و تالیفات ہیں۔ روحانی بزرگوں پر مدون کتابیں اور مذہبی موضوعات و فنون لطیفہ پر مقالات انھیں تصوف پر اتھاریٹی اور معتبر ادیب ثابت کرتے ہیں۔ ان کی کتاب "ولایت پناہ حضرت علی المرتضیٰ کرم اللہ وجہہ الکریم" مستند تحقیقی علمی سرمایہ تسلیم کی جاتی ہے۔ ان کی تصنیف "اسلام اور فنون لطیفہ" کو فکر انگیز اور اہم قرار دیا گیا ہے۔ انہوں نے متعدد مضامین میں اردو اور قائد اعظم محمد علی جناح کو جن تحقیقی شواہد کی بنیاد پر ملتانی قرار دیا ہے اس کی ابھی تک نکیر نہیں کی جا سکی ہے۔ موصوف گہری سیاسی بصیرت رکھتے تھے جس کے گواہ ان کے قطعات ہی نہیں بلکہ وہ بے شمار تقریریں بھی ہیں جو انہوں نے پاکستان کے صدور، وزرائے اعظم، صوبائی گورنروں اور وزرائے اعلیٰ کے لئے لکھی تھیں۔ اسی پر بس نہیں رہا یہ اپنے متعلقین کو بھی صاحبِ تالیف و تصنیف بنانے میں بڑے فیاض تھے۔

صحافت سے یہ دورانِ تعلیم علی گڑھ میں ہی وابستہ ہو گئے تھے۔ پندرہ روزہ "دی یونین علی گڑھ" کے ایڈیٹر شپ سے آغاز کیا تو بانی ایڈیٹر ماہنامہ "جھلک" علی گڑھ، جوائنٹ ایڈیٹر روزنامہ "نوروز" کراچی، جوائنٹ ایڈیٹر "بہاولپور ریویو"، ایڈیٹر ماہنامہ "لاہور افیرز"، ایڈیٹر ہفت روزہ "استقلال" لاہور، ایڈیٹر ماہنامہ "ویسٹ پاکستان" لاہور، بانی چیف ایڈیٹر ماہنامہ "فلاح" لاہور، بانی چیف ایڈیٹر ماہنامہ "اوقاف" اسلام آباد، بانی چیف ایڈیٹر ماہنامہ "ہم وطن" اسلام آباد، بانی چیف ایڈیٹر ماہنامہ "یارانِ وطن" اسلام

آباد، بانی چیف ایڈیٹر پندرہ روزہ "مسلم لیگ نیوز" لاہور، بانی چیف ایڈیٹر ماہنامہ 'نوائے بلدیات لاہور" اور بانی چیف ایڈیٹر ماہنامہ "ہمارا ملتان" رہے۔ جن شعبوں، اداروں اور محکموں سے وابستہ رہے ان کے کتابچے، سوینیرز اور بروشرز ان پر مستزاد ہیں۔

انہوں نے پرفارمنگ آرٹس پر قابل توجہ اور اہم کام کیا ہے۔ انہیں تمثیل نگاری اور ڈرامے سے ایسی دلچسپی تھی کہ جب آرٹس کونسل کے سربراہ تھے تو انہوں نے ۱۹۸۷ء میں ۱۵/روزہ ملتانی جشن تمثیل کا انعقاد کیا اور اس میں روزانہ نئی ٹیم، نئی اسکرپٹ اور نئے سیٹ پر مختلف قسم اور طرز کے ڈرامے پیش کئے۔ اس جشن کی بین الاقوامی طور پر شہرت ہوئی۔ اسے جس نے دیکھا اس کو تھیٹر کی دنیا کا عجوبہ قرار دیا۔ اس عظیم الشان کارنامے کے صلہ میں انہیں 'محسنِ فن' اور 'مین آف دی اسٹیج' کا خطاب دیا گیا۔ درگاہ حضرت بہاء الدین زکریا ملتانیؒ کے سجادہ نشیں اور پاکستان کے مرکزی وزارت میں شامل رہے شاہ محمود قریشی نے کہا تھا:

"سید فخر الدین بلّے نے ملتان میں ایسی بہت سی چیزوں کی بنیاد رکھی جس کا اس سے پہلے تصور بھی نہیں ہو سکتا تھا۔ ان کے علاوہ انہوں نے ۲۵/روزہ جشنِ تمثیل کا دھماکہ کر کے اسٹیج کی دنیا کے لوگوں کو ہی نہیں بلکہ فنون و ثقافت کے دلدادگان کو بھی چونکا دیا۔ ان کی خدمات کو دنیا کے لوگ اور ملتان فراموش نہیں کر سکتے۔"

موصوف حد درجہ تعمیری ذہن کے حامل تھے۔ انہوں نے تخلیق کاروں، فنکاروں، شاعروں، ادیبوں، دانشوروں کی ایک تنظیم "قافلہ" کے نام سے بنائی تھی جس کی نشستیں لاہور اور ملتان میں خود کی اقامت گاہ پر اور بہاولپور میں تابش الوری کی رہائش گاہ پر ہوا کرتی تھیں۔ سرائیکی ویب کی تہذیب و ثقافت کے تحفظ، فنکاروں کی حوصلہ افزائی، مختلف شعبوں میں "جوہر قابل" کی دریافت اور پذیرائی کے لئے "پنجند اکادمی" بنائی۔

اس کے قیام پر جو کتابچہ شائع کیا اس کی ایک ایک سطر میں بلّے صاحب کے خواب دکھائی دیتے ہیں۔ غیر معروف قلمکاروں کی حوصلہ افزائی کے لئے ایک اشاعتی ادارہ قائم کیا جس کا نام اپنے بزرگوں سے منسوب کر کے " معین اکادمی " رکھا اور اس کے تحت متعدد ادیبوں کی کتابیں شائع کیں۔

لہٰذا بلّے صاحب کا شمار بلند و بالا علمی و ادبی شخصیتوں میں ہوتا تھا۔ وہ اپنی ذات میں ایک انجمن تھے۔ ان کی شخصیت کے متعدد رخ تھے اور ہر رخ روشن اور اہم تھا۔ وہ ممتاز شاعر، قلمکار، صحافی، ماہر تصوف، ماہر اقبالیات، ماہر ارضیات اور بیوروکریٹ بھی تھے۔ انہوں نے علم، ادب، صحافت اور ثقافت کے میدانوں میں انمٹ نقوش ثبت کئے۔ جہاں رہے، جس مقام اور عہدہ پر رہے لوگوں کو اپنا گرویدہ بنائے رکھا۔ ایسی شخصیتیں زمانے میں خال خال پیدا ہوتی ہیں جو اپنے کارناموں کی بدولت مرنے کے بعد بھی زندہ رہتی ہیں۔ لہٰذا موصوف خود اپنے اس شعر کی مصداق ہیں:

الفاظ و صوت و رنگ و تصور کے روپ میں
زندہ ہیں لوگ آج بھی مرنے کے باوجود

***

قاضی عبد الغفار: ایک کامیاب صحافی

عارفہ مسعود عنبر

یہ مرادآباد شہر کی خوش قسمتی ہے کہ سرزمین مرادآباد نے قاضی عبد الغفار جیسے بلند پایہ مصنف ،ایک صاحب طرز انشاء پرداز ،ایک کامیاب صحافی اور اردو زبان و ادب کی ایک ناقابلِ فراموش ہستی کو پیدا کیا، قاضی عبد الغفار اپنی شخصیت، تعلیم ،اور ادبی شعور کے اعتبار سے ایک قابلِ قدر اور لائق احترام ادیب ،صحافی ،اور مصنف تھے۔انہوں نے اپنی ادبی زندگی کا آغاز ۱۹۱۳ سے کیا اور یہ کہنے میں ذرہ برابر بھی ہچکچاہٹ نہیں ہوگی کہ ان کے قلم کی روشنائی تادم حیات خشک نہیں ہوئی ہے۔وہ تادم آخر لکھتے رہے، سوچتے رہے اور کسی نہ کسی دائرے میں ادبی سفر کو جاری رکھا۔ آپ کے کارنامے غیر معمولی فکری صلاحیتوں کے مظہر ہیں، قاضی عبد الغفار ایسی عہد ساز شخصیت کا نام ہے جنہوں نے اردو صحافت اور ادب کو اتنا کچھ دیا ہے کہ کوئی بھی ادبی مورّخ اس نام کو فراموش نہیں کر سکتا، قاضی صاحب کا ذکر کیے بغیر اردو صحافت کی تاریخ نہیں لکھی جاسکتی۔

قاضی عبد الغفار کے دادا قاضی حامد علی سنبھل میں تحصیل دار تھے۔ قاضی حامد علی کے والد کو بہادر شاہ ظفر کے دربار سے 'قاضی کا خطاب ملا تھا۔ انقلاب ۱۸۵۷ کے زمانے میں قاضی حامد علی کے مکان پر چند انگریز افسروں نے پناہ لی۔ غدر فرو ہونے کے

بعد قاضی حامد علی کو صرف اس جرم کی پاداش میں پھانسی دے دی گئ تھی کہ انہوں نے انگریز افسروں کے ساتھ اچھا سلوک نہیں کیا، لیکن ان انگریز حکام نے بحفاظت انگلستان پہنچنے پر مرادآباد کے انگریز کلکٹر کو ایک خط ارسال کیا۔ اس خط میں قاضی حامد علی کے سلوک کی بہت تعریف کی گئ تھی۔ خط پڑھ کر مرادآباد کے انگریز کلکٹر کو حامد علی کو پھانسی دینے کا بہت افسوس ہوا۔

ان کے ماموں قاضی محمود علی نے اس سلسلے میں انگریز کلکٹر سے ملاقات کی تو اس نے ان کی ضبط شدہ جائداد میں دو گاوں اور چار مکان ان کے بڑے بیٹے ابرار کے بالغ ہونے پر ریلیز کرنے کا وعدہ کیا۔ قاضی عبد الغفار سمیت چھ بہن بھائ میں سے تین فوت ہوگئے تھے۔ ایک بہن افسری بیگم تھیں۔ ان کے چھوٹے بھائی قاضی عبد الجبار جو 'اچھن بھیا' کے نام سے مشہور تھے معمولی تعلیم یافتہ تھے۔ آپ کے والد قاضی ابرار مرادآباد میں اسپیشل مجسٹریٹ کے عہدے پر فائز تھے۔ آپ کی والدہ سلمٰی خاتون ایک دیندار اور گھریلو خاتون تھیں جو پیار سے عبد الغفار کو پیارے میاں کہہ کر پکارتی تھیں۔

قاضی عبد الغفار نے ابتدائی تعلیم مرادآباد کے مختلف اسکولوں سے حاصل کی۔ گورمنٹ انٹر کالج سے میٹرک پاس کرنے کے بعد علی گڑھ مسلم یونیورسٹی سے انٹر میڈیٹ کی سند لی اور بی اے کا امتحان دیے بغیر علی گڑھ کو خیرباد کہہ کر مرادآباد واپس آ گئے۔ اس پر ان کے ساتھیوں تصدق حسین خاں شیروانی، عبد الرحمن صدیقی، شعیب اور سعید الرحمن قدوائی کو بڑا تعجب ہوا، مگر ان کے والد کی انگریز حکام تک پہنچ اچھی تھی انہوں گورنر سے کہہ کر عبد الغفار کو آب پاشی کے محکمہ میں ملازمت دلوادی۔ یہ وہ زمانہ تھا جب کوئی ہندستانی انگریز افسر سے ملنے جاتا تو اسے جوتے باہر اتار کر ننگے پیر جانا پڑتا تھا ،اور یہی صورت قاضی صاحب کے ساتھ بھی پیش آئی۔ حالانکہ یہ فل سوٹ بوٹ زیب

تن کئے ہوئے تھے۔ اس واقعہ کا قاضی صاحب کو بہت صدمہ پہنچا لیکن بادل ناخواستہ انہیں سرکاری نوکری قبول کرنا پڑی۔ زندگی میں یہ صرف دو بار سرکاری ملازمت سے منسلک رہے ایک مرتبہ نوجوانی میں اور دوسری مرتبہ ۱۸۴۶ میں۔

پہلی ملازمت چھوڑنے کا قصہ بڑا دلچسپ ہے قاضی صاحب یوپی کے اس علاقے میں تعینات کئے گئے تھے جس کی سرحد نیپال سے ملتی ہے۔ ایک دفعہ یہ دورے پر گئے اور اپنا سامان ڈاک بنگلے میں رکھ کر دفتر کے معائنہ کو چلے گئے۔ اور جب واپس آئے تو کیا دیکھتے ہیں کہ ان کا سامان ڈاک بنگلے کے صحن میں پڑا ہوا ہے۔ اور ایک انگریز مادر زاد ننگا ان کے کمرے میں براجمان ہے اس پر قاضی صاحب کو بڑا طیش آیا۔ کہ اس انگریز افسر کی چھڑی سے اتنی پٹائی کی کہ وہ آگے آگے بھاگ رہا تھا قاضی صاحب چھڑی لیے اس کے پیچھے پیچھے۔ جب وہ ادھ مرا ہو کر بھاگ نہیں سکا تو ایک درخت کا سہارا لیکر کھڑا ہو گیا۔ تب قاضی صاحب نے اسے چھوڑ دیا اور واپس ڈاک بنگلے آکر اپنی ملازمت سے استعفیٰ دے کر مراد آباد واپس چلے آئے۔

قاضی صاحب کی اخبار نویسی کی ابتداء ۱۶ سال کی عمر میں ہوئی۔ جب وہ ہائی اسکول کے طالب علم تھے۔ مراد آباد سے ابنِ علی صاحب کی ادارت میں اخبار "نیر عالم" نکلتا تھا جس میں ان کا تحریر کردہ ایک خبر نامہ شائع ہوت اتھا۔ اس کے بعد متعدد اخبارات میں لکھتے رہے۔ اصل اخبار نویسی کی ابتداء ۱۹۱۳ میں ہوئی، جب مولانا محمد علی جوہر نے دہلی سے، "ہمدرد" نکالا "ہمدرد" کے معیار کا اندازہ اس سے لگایا جا سکتا ہے کہ اس وقت کے بڑے بڑے ادیب "ہمدرد" میں چھپنا اپنے لئے باعث عزت سمجھتے تھے۔ پریم چند کا افسانہ ۱۹۳۱ میں "ہمدرد" میں شائع ہوا تھا جس کا انہیں معاوضہ بھی ملا تھا۔ "ہمدرد" میں ان کے شرکاء میں مولانا ظفر علی خاں مولانا شرر اور جالب دہلوی قابلِ ذکر ہیں۔ ۱۹۱۴ میں مولانا

محمد علی کو نظر بند کر دیا گیا تو قاضی صاحب نے مولانا محمد علی کے اشارے پر کلکتہ سے " جمہور " نکالا جو بقول قاضی صاحب " جمہور " میرا سب سے کامیاب اخبار تھا جس کی اشاعت ۱۳ ہزار تک پہنچ گئی تھی۔ یہ وہ زمانہ تھا جب مولانا آزاد بھی نظر بند کر دیئے گئے تھے۔ ۱۹۱۴ میں قاضی صاحب کو بھی چھ ماہ کے لیے نظر بند کیا گیا۔ اور اس کے بعد انہیں کلکتہ سے چلے جانے کا حکم ملا تاہم یہ مرادآباد چلے آئے لیکن پھر انہیں نظر بند کر کے نینی تال بھیج دیا گیا۔ جس پر قاضی صاحب نے اپنے ایک دوست کو لکھا میں اپنے دادا کی سنت پر عمل کر رہا ہوں۔

قاضی صاحب بڑے وجیہ، خوش خوراک و خوش پوشاک انسان تھے۔ کھلتا ہوا گندمی رنگ، اونچا قد، چوڑی پیشانی، خشخشی داڑھی، گداز جسم، چہرے پر متانت اور آواز میں خود اعتمادی۔ ان خوبیوں کے سبب ہر ملنے والا ان کا گرویدہ ہو جاتا، وہ نئے لکھنے والوں کی ضرورت سے زیادہ حوصلہ افزائی کیا کرتے تھے، وہ قلم کے دھنی تھے لکھنا پڑھنا ان کا محبوب مشغلہ تھا۔ چنانچہ وہ اپنے لکھنے کے انداز پر یوں رقم طراز ہیں کہ

"میری لکھائی کا ڈھنگ ایسا ہے کہ جب لکھنے کا دورہ پڑتا ہے تو لکھے چلا جاتا ہوں اور اس کے لیے صبح و شام کی قید نہیں"۔ بیسویں صدی میں جن اکابرین اور مجاہدین نے ہندوستان کی تحریک آزادی میں حصہ لیا ان میں قاضی صاحب کا نام اہمیت کا حامل ہے صحافت اور سیاست ان کی دلچسپی کے دو اہم میدان تھے۔

قاضی صاحب نے ہر صنف پر طبع آزمائی کی ہے انہوں نے ڈرامے بھی لکھے اور شاعری بھی کی۔ وہ ایک کامیاب ڈرامہ نگار تھے شعر کہنا وقت گزاری کا محبوب مشغلہ تھا۔ وہ جس کاغذ پر شعر لکھتے اسے خود ضائع کر دیتے لیکن پھر بھی ان کی کچھ نایاب نظمیں اور اشعار موجود ہیں۔ شعر ملاحظہ ہوں۔:

پروانہ اپنی منزل آخر پہ آگیا
باقی ہے ایک شمع عزادار آرزو
اس نامراد دل کی جسارت کا کیا کروں
ہے بدنصیب اب بھی طلب گار آرزو

بہت کم لوگوں کو اس بات کا علم ہے کہ ان کا قلمی نام " ق " " ع " کے علاوہ " خاموش " بھی تھا ان کی ایک نظم " نوائے خاموشی " کے عنوان سے ۱۹۲۶ کے ادبستان میں شائع ہوئی تھی۔ قاضی صاحب ایک کثیر الجہات شخصیت کے مالک تھے وہ ایک منفرد ادیب اور بے مثل انسان تھے جہاں یہ دونوں باتیں اکھٹا ہو جاتی ہیں وہاں ادبی اور انسانی دونوں معیار بلند ہو جاتے ہیں۔ ہمارے بزرگ ادیبوں میں شاید ہی کوئی ادیب ہو جس نے لکھنے والوں کی اتنی حوصلہ افزائی کی ہو۔

قاضی صاحب اس کارواں میں شامل تھے جس میں حکیم اجمل خاں، مولانا محمد علی جوہر، مولانا ابوالکلام آزاد شامل تھے۔ قاضی صاحب کا تصنیفی سرمایہ چودہ کتابوں پر مشتمل ہے۔ لیلیٰ کے خطوط، مجنوں کی ڈائری، عجیب، تین پیسے کی چھوکری، سیب کا درخت ، آثار ابوالکلام آزاد، آثار جمال الدین افغانی، حیات اجمل ، نقش فرہنگ ، اس نے کہا ، مذہب اور دھرم ، مشترکہ زبان، ان کی تصانیف میں " لیلیٰ کے خطوط " اور " مجنوں کی ڈائری " کو بہت مقبولیت حاصل ہوئی۔ نوجوان طبقہ اس سے بہت متاثر ہوا۔

ان کی قابلِ فخر تصانیف " آثار جمال الدین " آثار ابوالکلام تاریخی اہمیت رکھتی ہیں " لیلی کے خطوط " ابتداء میں ماہ نامہ نیرنگ خیال میں ۱۹۳۰ سے ۱۹۳۳ تک قسط وار شائع ہوئے۔ ۱۹۳۴ میں کتابی شکل میں منظر عام پر آئی۔ یہ فرضی خطوط ہیں ان خطوط کی مجموعی تعداد ۵۲ ہے۔ جس میں ایک طوائف کی زندگی کی عکاسی کی گئی ہے۔ دراصل لیلیٰ

کی زندگی کی تین منزلیں ہیں جو لیلیٰ کی زندگی کی عکاسی کرتی ہیں اگر ان کا بغور مطالعہ کیا جائے تو یہ محسوس ہوتا ہے کہ یہ ایک طوائف کی داستان نہیں بلکہ مجموعی طور پر عورت کی مختلف ذہنی کیفیتوں کی ترجمانی اور احساسات و جذبات کا نفسیاتی مطالعہ ہے۔ بقول قاضی صاحب:

"لیلیٰ کے قلم سے جو خطوط لکھوائے گئے ہیں ان کا مقصد نہ انشاء پردازی کی مشق ہے نہ زور قلم کا مظاہرہ بلکہ ان کے خطوط میں جو کچھ لکھ سکتے ہیں اپنے لیے لیلی کا تبسم ایک فوارۂ خون، ایک فریاد اور اس کی ظرافت کی ایک دکھی پکار ہے۔ اس کی شوخیوں میں اس کے دل کا درد مستور ہے 'لیلیٰ کے خطوط' مقدمہ قاضی عبد الغفار خاں صفحہ ۸"

"مجنوں کی ڈائری" اس روزنامچے کا سلسلہ قاضی صاحب کی پہلی تصنیف "لیلیٰ کے خطوط" سے ملتا ہے لیلیٰ کے خطوط کا مقصد طبقہ نسواں کے ایک گروہ کی عکاسی کرنا ہے تو اس روزنامچے کا مقصد نوجوان طالب علموں کی طرز زندگی، انداز فکر اور عمل میں اصلاح کرنا ہے۔

"عجیب" میر امن کی کتاب باغ و بہار کی طرز پر لکھی گئی کتاب ہے۔ "تین پیسے کی چھوکری" ۱۹۳۷ میں منظر عام پر آئی حالانکہ اس کا تخلیقی عمل کافی پہلے سے شروع ہو چکا تھا۔ قاضی صاحب نے اپنے مخصوص طریقہ انداز کو اس دیباچے میں بھی برقرار رکھا ہے۔ اس میں اہل بصیرت کے لئے بڑی عبرتیں پوشیدہ ہیں۔ یہ ایک معمولی لڑکی کی داستان ہے جو محض اپنے حسن اور جوانی کے بل پر ہزاروں دلوں پر راج کرتی ہے۔ رفتہ رفتہ ایک نوجوان شہزادے کو اپنے فریب میں پھانس لیتی ہے اور اس کی ملکہ بن جاتی ہے کیونکہ وہ ایک معمولی لڑکی ہے اس لیے اس کے دل میں تکبر آجاتا ہے اور وہ ایک ظالم ملکہ بن جاتی ہے۔

اس طرح قاضی صاحب نے تعلیم سے متعلق ہر موضوع کو اپنی فکر و عمل کی جولان گاہ بنایا ہے۔ مسلمانان ہند کی ترقی اور کامرانی کا جو خواب انہوں نے دیکھا تھا اسے حقیقی روپ دینے کی پوری کوشش کی ہے۔ ان کا خیال تھا کہ قوم جب تک تعلیم حاصل نہیں کرے گی اس میں شعور پیدا ہونا ممکن نہیں ہے۔ قاضی صاحب کے قلم نے جو سرمایہ جمع کیا ہے وہ معیاری ہے، باقی رہنے والا ہے۔ جب صدیوں بعد بھی ہماری نئی نسلیں اپنی منزلوں سے گزر کر فنا ہو چکی ہوں گی لیکن قاضی صاحب کی فکر و نظر کے یہ شاہکار اپنے مقام پر باقی رہیں گے۔ ان سے بچھڑے ہوئے ایک عرصہ ہو گیا لیکن دل یہ کہنے پر مجبور ہے۔

بجھ چکی شمع نور باقی ہے

* * *

فضیل جعفری اور ان کی اداریہ نویسی

معصوم مرادآبادی

۳۰ اپریل کی رات ممبئی سے برادرم ندیم صدیقی نے یہ اندوہناک خبر سنائی کہ فضیل صاحب اس دنیا میں نہیں رہے۔ میں نے اناللہ واناالیہ راجعون پڑھ کر کچھ تفصیل جاننے کی کوشش کی تو رابطہ منقطع ہو گیا۔ فون ملایا تو دیر تک انگیج ٹون سنائی دیتی رہی۔ بے چینی بڑھ رہی تھی کہ اسی حالت میں کچھ سوچے سمجھے بغیر میں نے براہ راست فضیل جعفری صاحب کا نمبر ملا دیا کہ شاید ان کے گھر میں کوئی تفصیل بتا سکے لیکن خلاف معمول ان کا فون سوئچ آف تھا۔ میری پریشانی اور الجھن میں مزید اضافہ ہو گیا کیونکہ فضیل صاحب کبھی اپنا فون بند نہیں کیا کرتے تھے اور میں اکثر ان سے باتیں کرتا تھا۔ پچھلے کچھ عرصے سے مجھے ان کی گفتگو میں کچھ اضمحلال اور تھکاوٹ ضرور محسوس ہو رہی تھی۔ لیکن یہ اندازہ قطعی نہیں تھا کہ وہ اتنی جلدی داغ مفارقت دے جائیں گے۔ یوں بھی وہ عمر اور بیماریوں کو زیادہ خاطر میں نہیں لاتے تھے۔

بمبئی کے احباب کو شکایت ہے کہ وہاں فضیل صاحب کے جنازے میں شرکاء کی تعداد نسبتاً کم تھی اور یہاں دہلی میں مجھے محسوس ہوا کہ کسی اردو ادارے نے ان کے انتقال پر تعزیتی بیان تک جاری نہیں کیا۔ جبکہ یہاں معمولی ادیبوں اور شاعروں کے انتقال پر اس قسم کے بیانات کا جاری ہونا ایک عام بات ہے۔ یہ دراصل اس بات کا ثبوت

ہے کہ فضیل صاحب زمانہ ساز اور شہرت پسند لوگوں میں مقبول نہیں تھے۔ مجھے ان کی شخصیت کا جو پہلو سب سے زیادہ متاثر کرتا تھا، وہ ان کی قناعت پسندی اور استغنا تھا جو اس دور میں بہت ہی کم لوگوں کو نصیب ہوتا ہے۔ فضیل صاحب کی ایک اور خوبی جو مجھے متاثر کرتی تھی، وہ ان کی گوشہ نشینی تھی اور اگر سچ کہوں تو وہ خانقاہی مزاج کے آدمی تھے۔ اپنی ہی دنیا میں مگن رہنا انہیں سب سے زیادہ پسند تھا۔

فضیل صاحب بمبئی کے باسی ضرور تھے لیکن ان کے قریبی دوست دہلی میں آباد تھے اور وہ بڑی چاہت کے ساتھ اکثر ان سے ملنے دہلی آتے تھے۔ لیکن جب یکے بعد دیگرے ان کے یہ دوست اللہ کو پیارے ہوتے گئے تو دہلی سے ان کا رشتہ کمزور ہوتا چلا گیا۔ یہی وجہ ہے کہ اب جب کبھی میں ان سے دہلی آنے کی درخواست کرتا تو وہ رندھی ہوئی آواز میں کہتے میاں اب وہاں کون بچا ہے۔ محبوب الرحمن فاروقی بھی چلے گئے۔ نور جہاں ثروت بھی رخصت ہو گئیں۔ زبیر رضوی نے بھی داغ مفارقت دے دیا۔ ایک لے دے کر ڈاکٹر اسلم پرویز بچے تھے، وہ بھی دغا دے گئے۔ دہلی میں یہ چار لوگ ہی ایسے تھے جنہیں وہ عزیز رکھتے تھے۔

مگر ان کا سب سے گہرا تعلق 'آج کل' کے سابق مدیر محبوب الرحمن فاروقی مرحوم سے تھا۔ دونوں ایک دوسرے کے قدردان تھے اور ان دونوں کے گھریلو مراسم بھی بہت مضبوط تھے۔ فضیل صاحب اور محبوب الرحمن صاحب میں ایک قدر مشترک یہ تھی کہ دونوں ہی اپنی رائے کا اظہار بڑی بے باکی اور جرأت کے ساتھ کیا کرتے تھے۔ فضیل صاحب کی طرح محبوب الرحمن صاحب بھی کسی مصلحت کے اسیر نہیں تھے۔ دونوں ایک دوسرے کو حد درجہ پسند کرتے تھے۔ مجھے یاد ہے کہ فضیل صاحب محبوب الرحمن فاروقی صاحب کے بڑے بیٹے محمود فاروقی کے ولیمے میں شرکت کے لئے بطور

خاص ممبئ سے دہلی تشریف لائے تھے۔ پنڈارہ روڈ کے کمیونٹی سینٹر میں ولیمے کی تقریب کے دوران کسی نے فضیل صاحب سے پوچھا کہ وہ کل شادی میں نظر نہیں آئے تو انہوں نے مزاحیہ انداز میں کہا کہ " دراصل ڈاکٹر نے مجھے دوروز لگاتار ادیبوں اور شاعروں کو دیکھنے سے منع کرر کھا ہے۔" ان کے اس جواب پر سب لوگ ہنس پڑے۔

دہلی ہی نہیں ممبئ میں بھی فضیل جعفری کے حقیقی دوستوں کا حلقہ بہت وسیع نہیں تھا۔ حالانکہ ان کے چاہنے والوں اور ان کے علمی وادبی کارناموں کا اعتراف کرنے والوں کی کبھی کوئی کمی نہیں رہی لیکن ان کے حلقہ احباب میں وہی لوگ شامل ہو سکتے تھے جو ان کی صاف گوئی، جرأت مندی اور بے باکی کو برداشت کرنے کا یارا رکھتے تھے۔ ان میں بے شمار خوبیاں تھیں اور ان کا علمی وادبی مرتبہ تو اپنے عہد کے تمام قلم کاروں میں سب سے بلند تھا۔ مگر فضیل صاحب کی سب سے بڑی خرابی یہ تھی کہ وہ صاف گو بہت تھے۔ اسی لئے نرگسی مزاج رکھنے والے لوگ ان سے بہت جلد ناراض ہو جاتے تھے۔ وہ کسی قسم کی لاگ لپیٹ سے کام نہیں لیتے تھے کیونکہ انہیں کبھی کسی سے کوئی کام نہیں پڑتا تھا۔ بس اپنی سی زندگی گزارنے کا انہیں جنون تھا۔ وہ کبھی اپنی ناک پر مکھی نہیں بیٹھنے دیتے تھے۔

ادبی حلقوں میں بھی ان کا کوئی گروپ اس لئے نہیں تھا کہ وہ کسی کی بے جا تعریف وتوصیف یا جھوٹی مدح سرائی نہیں کرتے تھے۔ ہمارے ادبی حلقوں میں عام طور پر لوگ ایک دوسرے کی قصیدہ خوانی کر کے اپنے لئے جگہ بناتے ہیں اور لابنگ کے ذریعہ دنیاوی فائدے اور عیش وآرام کے سامان مہیا کرتے ہیں۔ لیکن فضیل صاحب نے تمام زندگی کبھی کسی کی جھوٹی تعریف نہیں کی۔ وہ ہمیشہ سچ ہی بولتے رہے اور سچ بولتے بولتے جھوٹے لوگوں کی اس دنیا سے رخصت ہو گئے۔ انہوں نے تمام عمر نہ تو اپنے لئے کسی ایوارڈ یا اعزاز کی خواہش کی اور نہ ہی بیسا کھیوں کے سہارے اپنا قد بلند کیا۔ اسی لئے ان کے

ڈرائنگ روم میں رنگ برنگے ایوارڈوں کی بجائے نہایت قیمتی کتابیں نظر آتی تھیں۔ ان میں اردو اور انگریزی کتابوں کی تعداد لگ بھگ برابر تھی۔ وہ اردو کے جتنے بڑے رمز شناس تھے، اتنے ہی انگریزی کے بھی عالم تھے لیکن انہوں نے کبھی اپنی انگریزی دانی کا رعب نہیں دکھایا۔

لوگ اکثر انہیں اپنی کتابیں تبصرے کے لئے روانہ کرتے تھے۔ اگر کوئی کتاب قابل ذکر ہوتی یا اس کا علم وادب سے کوئی علاقہ ہوتا تو وہ اس پر ضرور اظہار خیال کرتے لیکن غیر ضروری کتابوں کو وہ کبھی منہ نہیں لگاتے تھے۔ ایک مرتبہ کسی نے اپنے شعری مجموعے پر ان سے کچھ لکھنے کے لئے اصرار کیا۔ وہ مجبور ہوگئے تو انہوں نے چند سطروں کا ایک تبصرہ لکھ کر آخر میں یہ بھی لکھ دیا کہ "اگر موصوف اس کتاب پر خرچ ہونے والی رقم کسی یتیم خانے کو عطیہ کردیتے تو ان کے نامہ اعمال میں کچھ نیکیوں کا اضافہ ضرور ہوجاتا۔"

فضیل صاحب کو یاد کرتا ہوں تو ان کی بہت سی کھٹی میٹھی باتیں یاد آنے لگتی ہیں۔ وہ ادیب تھے، صحافی تھے، شاعر اور نقاد بھی تھے۔ انہوں نے ادب کی جس صنف میں قدم رکھا، وہ وہاں سے سرخرو اور کامران ہوکر گزرے۔ اب سے کوئی ١٦ برس پہلے جب بمبئی میں 'انقلاب' کے دفتر میں ان سے میری پہلی ملاقات ہوئی تو انہوں نے حسب عادت کچھ ایسی باتیں کہیں جو مجھے اچھی نہیں لگیں۔ لیکن دوسرے ہی لمحے انہوں نے میری دلجوئی کی اور اپنے پاس بٹھالیا۔ اتفاق سے اس روز پروفیسر شمیم حنفی بھی وہاں موجود تھے، جو ان کے بہت قریبی دوست اور کالج کے ساتھی تھے۔ ان دونوں نے الہ آباد یونیورسٹی میں تعلیم حاصل کی تھی۔

جعفری صاحب کے جس ہنر نے مجھے اپنا گرویدہ بنایا تھا، وہ دراصل ان کی اداریہ

نویسی کا ہنر تھا۔ میں اکثر ان کے اداریے بڑے شوق سے پڑھتا تھا۔ 'انقلاب' کے علاوہ ہفتہ وار 'بلٹز' میں بھی کچھ عرصہ آخری صفحے پر شائع ہونے والی ان کی تحریروں سے استفادہ کا موقع ملا۔ فضیل صاحب نے جو کچھ بھی لکھا اس کا علمی، ادبی اور صحافتی حلقوں میں زوردار خیر مقدم کیا گیا۔ وہ برصغیر کے انتہائی معتبر اور معروف نقادوں میں شمار ہوتے تھے۔ انہوں نے مغربی ادب کا گہرا مطالعہ کیا تھا جس کا عکس ان کی گفتگو اور تحریروں میں صاف نظر آتا تھا۔ وہ بے باک تنقیدی رویے کے حامل تھے۔ انہوں نے بوجھل نہیں بلکہ بڑی شگفتہ تنقید لکھی اور ادبی حلقوں میں اپنا نام پیدا کیا۔ ان کے تنقیدی مضامین بڑے چاؤ سے پڑھے جاتے تھے۔

شاعری میں بھی ان کے تیور ان کی طرح دار شخصیت کی طرح بالکل جداگانہ تھے۔ اس میں بھرپور طنز بھی تھا اور عصری مسائل و مصائب کے تئیں جذبات واحساسات کا تخلیقی اظہار بھی۔ وہ فراق گورکھپوری کو غالب کے بعد سب سے بڑا شاعر مانتے تھے۔ نئے شاعروں میں وہ عنبر بہرائچی اور صلاح الدین پرویز کو پسند کرتے تھے۔ وہ عہد حاضر کے نقادوں کی بے راہ روی سے خائف تھے اور ان کے مطالعہ نہ کرنے کی عادت کو تمام خرابیوں کی جڑ سمجھتے تھے۔ بقول ان کے قاضی سلیم جیسے شاعر کو بھی نقادوں نہیں پڑھا۔ فکشن نگاروں میں وہ سب سے زیادہ سریندر پرکاش کو پسند کرتے تھے۔

فضیل صاحب جدیدیت کے علمبردار تو تھے ہی لیکن اس کے ساتھ ہی وہ خود کو چھوٹا موٹا مارکسی بھی سمجھتے تھے۔ وہ ساختیات کو ام الخبائث سے تشبیہ دیتے تھے۔ انہوں نے کبھی اپنی کتابیں خود چھپوا کر مفت تقسیم کرنے کا نقصان دہ کام نہیں کیا۔ وہ ادبی تقریبات میں بھی بہت کم شرکت کرتے تھے اور وہیں قدم رنجہ فرماتے تھے جہاں قدم رکھنے کی گنجائش ہوتی تھی۔ انہوں نے کبھی انسانی وقار اور معیار سے کوئی سمجھوتہ نہیں

کیا۔ انہیں کبھی کسی کے ناراض یا راضی ہونے کی فکر دامن گیر نہیں رہتی تھی۔ وہ اپنے دوستوں سے محبت بھی کرتے تھے اور ان پر تنقید بھی۔

ایک روز فضیل صاحب کا فون آیا کہ " میں ایوان غالب کی ایک تقریب میں شرکت کے لئے دہلی آگیا ہوں۔ تم دوپہر کو آجاؤ تو کہیں چل کر کھانا کھائیں گے۔" میں ایوان غالب پہنچا تو فضیل صاحب کہیں نظر نہیں آئے۔ اس دوران زبیر رضوی صاحب سے ملاقات ہوئی تو میں نے ان سے پوچھا کہ فضیل جعفری صاحب کہاں ہیں؟ انہوں نے کہا کہ کون فضیل جعفری؟ کچھ دیر بعد فضیل صاحب سے ملاقات ہوئی تو میں نے زبیر رضوی صاحب کے سامنے ہی ان کا یہ جملہ دہرا دیا۔ فضیل صاحب کے چہرے پر کسی قدر برہمی کے اثرات تھے۔ انہوں نے زبیر رضوی کو مخاطب کر کے کہا کہ:

" سنو زبیر تمہاری کتاب ابھی تک میرے کمرے کے باہر رکھی ہوئی ہے میں نے اسے اپنی اسٹڈی میں نہیں رکھا ہے۔ بولو کیا حشر کروں؟ " یہ سن کر زبیر رضوی مسکرا دیئے اور بات ختم ہوگئی۔ وہ جب بھی دہلی میں ہوتے تو اکثر شام کو اپنا وقت زبیر رضوی کے ساتھ پریس کلب میں گزارتے تھے۔

فضیل جعفری نے دو مرتبہ ممبئی کے روزنامہ 'انقلاب' کی ادارتی ذمہ داریاں سنبھالیں اور اسے صحافتی تقاضوں کے تحت بام عروج تک پہنچایا۔ پہلے دور میں وہ ۱۹۸۸ کے آس پاس اس سے وابستہ ہوئے اور دوسرے دور میں ہارون رشید کے انتقال کے بعد انہوں نے سن ۲۰۰۰ میں دوبارہ 'انقلاب' کی ادارتی ذمہ داریاں سنبھالیں۔ لیکن ادارتی امور میں انتظامی مداخلت کے سبب وہ تین سال بعد ہی اس سے علیحدہ ہوگئے۔ حالانکہ انتظامیہ نے علیحدگی کے بعد بھی ان سے اداریہ لکھتے رہنے کی گزارش کی لیکن انہوں نے اسے منظور نہیں کیا۔ 'انقلاب' سے علیحدگی کے بعد وہ کئی برس تک حیدرآباد

کے روزنامہ 'سیاست' کے لئے کالم لکھتے رہے۔ لیکن بعد کو صحت کے مسائل کی وجہ سے یہ کالم بھی جاری نہ رہ سکا۔

انہوں نے دوسری بار 'انقلاب' کی ذمہ داریاں سنبھالنے سے قبل کوئی ڈیڑھ برس ہفتہ وار 'بلٹز' میں آخری صفحے پر کالم نگاری کی۔ یہ وہی آخری صفحہ تھا جس پر برسوں خواجہ احمد عباس نے اپنے قلم کے جوہر دکھائے۔ مجموعی طور پر وہ کوئی دس برس 'انقلاب' کے ایڈیٹر رہے۔ ان کے اداریے بڑے شوق سے پڑھے جاتے تھے۔ ہر اداریے کی سرخی بڑی معنی خیز اور منفرد ہوتی تھی۔ تسلیمہ نسرین سے متعلق ایک اداریے کا عنوان تھا 'سر تسلیمہ خم ہے'۔

انہوں نے باقر مہدی کی رفاقت میں ممبئی سے 'اظہار' نام کے ایک ادبی پرچے کا بھی اجراء کیا تھا۔ فضیل صاحب نے کچھ عرصہ قبل انجمن ترقی اردو کے سہ ماہی جریدے 'اردو ادب' میں اپنی یادداشتیں قلم بند کرنے کا سلسلہ شروع کیا تھا لیکن خرابی صحت کے باعث یہ سلسلہ قائم نہیں رہ سکا۔ 'اردو ادب' کے مدیر اُن کے قریبی دوست ڈاکٹر اسلم پرویز تھے۔

فضیل صاحب کا وطنی تعلق اتر پردیش کے مردم خیز خطے الہ آباد کے قصبے چائل سے تھا جہاں ۲۲ جولائی ۱۹۳۶ کو ان کی ولادت ہوئی تھی۔ الہ آباد یونیورسٹی سے تعلیم مکمل کرنے کے بعد وہ شروع میں درس وتدریس کے شعبے سے وابستہ ہوئے اور انہوں نے اورنگ آباد اور ممبئی کے برہانی کالج میں برسوں انگریزی پڑھائی۔ بعد کو انہوں نے صحافت کی دنیا آباد کرلی۔ حالانکہ وہ کہتے تھے کہ صحافت کا پیشہ تخلیقی قوت کو قتل کردیتا ہے لیکن معاشی ضرورتوں نے انہیں تادیر اس پیشے سے وابستگی پر مجبور کیا۔

ان کے تنقیدی مضامین اور شاعری نے پورے برصغیر میں دھوم مچائی۔ ان کا پہلا

شعری مجموعہ 'رنگ شکستہ '1980میں منظر عام پر آیا۔ انہیں اپنی کتابیں شائع کرانے کی کبھی کوئی عجلت نہیں رہی۔ یہی وجہ ہے کہ ان کا دوسرا شعری مجموعہ 'افسوس حاصل کا' ۳۰سال بعد ۲۰۰۹ میں شائع ہوا جسے کرناٹک اردو اکیڈمی نے شائع کیا تھا۔

تنقید پر ان کی چار کتابیں شائع ہوئیں۔ ان میں پہلی کتاب 'چٹان اور پانی'۱۹۷۶ میں شائع ہوئی تھی۔ دوسری کتاب 'صحرا میں لفظ' کے عنوان سے ۱۹۹۴ میں شائع ہوئی۔ تنقیدی مضامین کے اس مجموعے کو مکتبہ جامعہ نئی دہلی نے شائع کیا تھا۔ جدید تنقید پر ان کا ایک طویل مقالہ 'کمان اور زخم'۱۹۸۶ میں منظر عام پر آیا۔ جسے ماہنامہ 'جواز' مالیگاؤں نے شائع کیا تھا۔ اس کتاب کا سرورق مشہور افسانہ نگار اور صحافی ساجد رشید مرحوم نے بنایا تھا جن سے بعد کو فضیل صاحب کے شدید اختلافات ہوگئے تھے۔ ان کی آخری تنقیدی کتاب 'آبشار اور آتش فشاں'۲۰۰۸ میں شائع ہوئی۔ 'صحرا میں لفظ' کے پہلے مضمون 'عہد جدید کا تہذیبی بحران اور غالب' کی ابتدائی سطور میں انہوں نے لکھا ہے کہ:

"یہ ایک اہم اور مسلمہ حقیقت ہے اور ہمارے دور کے کم و بیش سبھی سنجیدہ ادیب وشاعر اس پر متفق ہیں کہ وہ جس سماج میں سانس لے رہے ہیں، وہ سماج ذہنی، روحانی اور تخلیقی زندگی کے لئے نہ صرف ناسازگار ہے بلکہ ان چیزوں کا دشمن ہے۔"

('صحرا میں لفظ' صفحہ ٦)

انہوں نے چند جملوں میں سماج کی ناسازگاری کی جو تصویر کشی کی ہے، وہ بالکل درست ہے۔ وہ دراصل سماج کی اسی ناہمواری کا شکار تھے اور خود کو اس میں فٹ نہیں پاتے تھے۔ آج ہمارے اردگرد شہرت یافتہ ادیب اور شاعر تو بہت ہیں لیکن فضیل صاحب کی طرح قناعت پسند، باضمیر اور خوددار قلم کار بہت کم ہیں۔ فضیل صاحب نے میرے ساتھ ہمیشہ بڑی شفقت اور محبت کا معاملہ کیا۔ ۲۰۰۸ میں شائع ہونے والی میری

کتاب 'اردو صحافت اور جنگ آزادی ۱۸۵۷' کے فلیپ کے لئے انہوں نے نہایت حوصلہ مندانہ تاثرات تحریر کئے تھے جن سے اس کتاب کی وقعت میں اضافہ ہوا۔ وہ اکثر اپنے خطوط میں میرے اخبار پندرہ روزہ 'خبر دار' کے لئے تحسین آمیز جملے لکھتے تھے، جس کے وہ مستقل قاری تھے۔ میں جب بھی ممبئی جاتا تو ان کے دولت کدے پر ضرور حاضر ہوتا۔ حالانکہ میں ان کے بہت جونیئر ساتھیوں میں تھا لیکن وہ جب بھی دہلی آتے تو مجھے اس کی اطلاع ضرور کرتے اور اکثر اپنے دوستوں سے ملنے کے لئے میرے ساتھ ہی تشریف لے جاتے تھے۔ دہلی میں قیام کے دوران ان سے روزانہ ہی ملاقات ہوتی تھی۔

روزنامہ 'انقلاب' سے وابستگی کے دوران وہ دہلی میں رفیع مارگ پر واقع آئی این ایس بلڈنگ کے گیسٹ ہاؤس میں قیام کرتے تھے۔ 'انقلاب' سے علیحدگی کے بعد ان کی پسندیدہ جگہ غالب انسٹی ٹیوٹ کا گیسٹ ہاؤس تھا لیکن بعد میں وہ دریا گنج میں واقع 'اتتھی' گیسٹ ہاؤس میں قیام کرنے لگے تھے۔ دہلی آکر محبوب الرحمن فاروقی، ڈاکٹر اسلم پرویز، زبیر رضوی اور نورجہاں ثروت سے ان کی ملاقات ضرور ہوتی تھی۔ نورجہاں اکثر ان کے لئے کچھ پکا کر لے آتی تھیں۔ نورجہاں ثروت سے وہ اس بات کے لئے شاکی تھے کہ انہوں نے اپنی صحت خراب کرلی ہے۔ فضیل صاحب، نورجہاں اور میں اکثر بنگالی مارکیٹ میں کچھ کھانے کے لئے ضرور جاتے تھے۔ فضیل صاحب کو بنگالی مارکیٹ کی مٹھائی بہت پسند تھی اور وہ اسے اپنے ساتھ ممبئی بھی لے جاتے تھے۔ نورجہاں کے انتقال سے وہ بہت رنجیدہ ہوئے۔ کچھ دنوں بعد دہلی آئے تو مجھ سے نورجہاں کی قبر پر چلنے کو کہا۔ میں انہیں دہلی گیٹ قبرستان لے گیا جہاں انہوں نے فاتحہ پڑھی اور نورجہاں کی مغفرت کے لئے دعا کی۔ بعد ازاں محبوب الرحمن فاروقی کے انتقال پر بھی انہوں نے بہت افسوس کا اظہار کیا۔ زبیر رضوی اور ڈاکٹر اسلم پرویز کے چلے جانے کا بھی انہیں بہت صدمہ تھا۔

جو لوگ فضیل صاحب کے مزاج سے واقف تھے، وہ ان کی باتوں سے لطف اندوز ہوتے تھے اور کسی بات کا برا نہیں مانتے تھے۔ ایک دن انہیں دہلی میں ڈاکٹر خلیق انجم کی یاد آئی تو مجھ سے کہا کہ چلو انجمن ترقی اردو چلتے ہیں۔ انجمن پہنچ کر انہوں نے ڈاکٹر خلیق انجم کے کمرے کا دروازہ کھول کر پوچھا "کیا یہاں کوئی اردو داں موجود ہے؟" ڈاکٹر خلیق انجم نے کھڑے ہو کر ان کا استقبال کیا اور کہا کہ:

"بس یہاں اردو جاننے والا ہی کوئی نہیں ہے۔"

ڈاکٹر خلیق انجم کی میز پر ایک عبارت جلی حرفوں میں لکھی ہوئی تھی جس پر تحریر تھا کہ "اس کرسی پر بیٹھ کر میری سمجھ میں علمی، ادبی اور سیاسی گفتگو بالکل نہیں آتی ہے، لہٰذا اس سے پرہیز کریں۔"

فضیل صاحب اس عبارت کو دیکھ کر خاموش بیٹھے رہے تو ڈاکٹر خلیق انجم نے پوچھا کہ کیا بات ہے آپ کچھ بولتے کیوں نہیں؟ فضیل صاحب نے اس عبارت کی طرف اشارہ کرتے ہوئے کہا کہ میں انجمن میں بیٹھ کر علمی وادبی گفتگو ہی کر سکتا ہوں کوئی کاروباری گفتگو تو نہیں کر سکتا۔ اس پر ڈاکٹر خلیق انجم نے قہقہہ لگایا اور وہ عبارت وہاں سے ہٹالی۔ اس کے بعد کچھ بے تکلف باتیں ہوئیں اور کچھ دیر بعد وہاں ڈاکٹر اسلم پرویز بھی تشریف لے آئے۔

فضیل صاحب نے پوری زندگی اپنی ہی شرطوں پر گزاری۔ وہ ایک باضمیر اور باشعور انسان تھے۔ ان کے اندر خودداری کا جو مادہ تھا وہ کم لوگوں میں دیکھنے کو ملتا ہے۔ ان کی اصول پسندی اور کسی کے آگے نہ جھکنے کی ادا نے انہیں خود غرض لوگوں میں غیر مقبول ضرور بنادیا تھا لیکن وہ اپنے اصولوں سے سمجھوتہ کرنے پر آمادہ نہیں تھے۔ اپنی باغیانہ فطرت اور سرکشی کی تصویر انہوں نے بہت پہلے اپنے اس شعر میں کھینچی تھی۔

جھکتا نہیں تو کاٹ لے سر میرا زندگی
مجھ سے مرے غرور کی قیمت وصول کر

آخر کار زندگی نے ایک ایسے خوددار انسان کا سر کاٹ ہی لیا جس نے زمانہ کے فرسودہ اصولوں کے آگے سر جھکانے کی بجائے سر اٹھاکر زندگی گزاری۔ اسے شہرت، دولت اور اعزازات کی چمک دمک بھی متاثر نہیں کر سکی اور جو ہمیشہ اپنے سر اور دستار کی حفاظت کرتا رہا۔ بقول پروفیسر شمیم حنفی " فضیل جعفری بہت ہی دیانتدار اور کھرے آدمی تھے۔ آج کے دور میں کسی قسم کے اخلاقی تصور اور قدروں پر یقین نہ رکھنے والے لوگوں کو آگے بڑھتا ہوا دیکھ کر وہ رنجیدہ تو ہوتے تھے لیکن انہیں کبھی یہ خیال نہیں آیا کہ وہ ایسے راستوں پر چلیں۔

ان کی صلاحیتوں کی جس طرح قدر ہونی چاہئے تھی، وہ نہیں ہوئی اور اس کی سب سے بڑی وجہ یہ تھی کہ وہ گفتگو اس حد تک صاف کرتے تھے کہ اس پر تلخی کا گمان ہوتا تھا۔ انہوں نے اپنے ضمیر کی قیمت پر دنیا سے کوئی سمجھوتہ نہیں کیا۔ وہ ادب کو افکار کی ترویج کا ذریعہ سمجھتے تھے۔ ان کے یہاں انسانی قدروقیمت کا تصور اور اخلاقی تصورات بہت بلند تھے۔ ان کا رویہ بہت وضع داری کا تھا۔

***

سرخیل صحافت: مولانا اسرار الحق قاسمی

محمد صادق جمیل تیمی

پیدائش: ۱۹۳۲ء (کشن گنج کاٹپو گاؤں)

وفات: ۷ دسمبر ۲۰۱۸

۲۰۰۹ میں پہلی بار ایم پی

۲۰۱۴ میں بھی اسی سیٹ پر برقرار

آل انڈیا ملی فاونڈیشن کے بانی

ہندوستان کے مشہور و معروف عالم دین، بقیۃ السلف، قوم و ملت کے ہمدرد، تقوی شعا، ملنسار و خاکسار اور خدا ترس مولانا اسرار الحق قاسمی رحمہ اللہ علیہ کا سانحہ ارتحال کی خبر جب سوشل میڈیا کے توسط سے مورخہ ۷ دسمبر ۲۰۱۸ علی الصبح کو پہنچی تو یقین نہیں ہو رہا تھا کہ اب مولانا ہمارے بیچ نہیں رہے چوں کہ مرنے سے ایک دن قبل اپنا قائم کردہ ادارہ "دار العلوم صفہ "ٹپو کشن گنج میں طلبا و اساتذہ سے خطاب کیا تھا اور اچانک دل کا دورہ پڑنے سے روح قفس عنصری سے پرواز کر گئی- لیکن قضا و قدر کا فیصلہ "کل نفس ذائقۃ الموت" اور "کل شئ ھالک الا وجہہ" کو سامنے رکھ اپنے شکستہ دل کو قابو میں کیا- آج پورا ہندوستان سوگوار ہے شاعر نے کیا ہی خوب کہا تھا کہ:

موت اس کی ہے کرے جس کا زمانہ افسوس

یوں تو دنیا سبھی آئے ہیں مرنے کے لئے

آپ سیمانچل ایک عظیم سپوت، قوم وملت کا بے لوث خادم، کانگریس کا سب سے بڑا حالیہ سیاست کا چہرہ، لائق وفائق دانشور، علمی دنیا کا سرخیل، آبروئے اردو صحافت، بے باک داعی اسلام، مفکر ملت، پر خلوص لیڈر اور ایک مرد مجاہد تھے - قاسمی صاحب کے مرنے سے سیمانچل میں بزرگ رہنماؤں کے عہد آفریں دور کا خاتمہ ہوگیا، ان کی وفات " موت العالم موت العالم " کی مصداق ہے، جمعہ کے دن انتقال بہت بڑی خوش نصیبی ھے، وہ ملی مسائل کو حل کرنے کے لئے تڑپ اٹھتے تھے، انہوں نے کشن گنج اور سیمانچل کے دیہی علاقے میں سینکڑوں مدارس اور تعلیم گاہوں کی سرپرستی کی، مسلم اقوام کے نونہالان کی تعلیم و تربیت کے اتنے خواہاں تھے کہ حسن گنج کٹیہار میں ۲۰۰۶ میں تعلیمی بیداری کانفرنس کے موقع پر بہت ہی معلوماتی تقریر کی تھی-

اس میں انہوں نے پورے سیمانچل کو اختیار دیا تھا کہ ہر گاؤں میں ایک ایک مکتب کھولے جائیں، جس کے اخراجات وہ خود برداشت کریں گے اس کے لئے انہوں نے تقریباً ۱۵۰ معلم کا انتخاب کیا تھا، لیکن اس قوم کی حرماں نصیبی ہے کہ یہ کسی نعمت کی قدر نہیں کرپاتی ہے، ہوا وہی جو امید تھی !! مولانا کی یہ اسکیم ناکام ہوگئی-

اسی طرح کشن گنج اہلحدیث ضلعی کانفرنس ۲۰۱۶ میں ان کے بیان نے سبھوں پر سکتہ طاری کردیا تھا - جب قاسمی صاحب اسٹیج پر آئے تو پہلے ہی لوگوں نے یہ سوال جڑ دیا تھا کہ کسی امام کی تقلید کیسی ہے ؟ مولانا سوال کو صرف نظر کردیئے اور اتحاد امت پر اتنا پر اثر خطاب کیا تھا، لوگ " عش عش " کرنے لگے - مولانا انعام الحق مدنی صاحب (کٹیہار) سے مولانا قاسمی صاحب کے سلسلے میں باتیں ہونے لگیں تو انہوں بتایا کہ :

" قاسمی صاحب ہمیشہ قوم کے لئے مخلص رہے، توحید پر کاربند رہے تعلیم و تعلم سے

ان کا گہرا ربط رہا- مزید یہ کہ تعلیمی اداروں سے بے حد محبت بھی کرتے تھے۔"

۲۰۰۹ کے الیکشن میں ایک بار قاسمی صاحب کانگریس کے ٹکٹ سے ایم پی میں کھڑے ہوئے اور کشن گنج سے متصل ضلع پورنیہ ڈنگرا گھاٹ میں واقع مولانا رضوان اللہ سلفی کا قائم کردہ ادارہ" مدرسۃ البنات" آئے اور جب انہوں نے یہاں تعلیمی سرگرمیاں دیکھیں، قوم کی لڑکیوں کو تعلیم حاصل کرتے ہوئے دیکھا تو خوشی سے ان کا دل باغ باغ ہو گیا تو اسی وقت ادارہ کی ترقی و توسیع کے کھڑے کھڑے دعا کرنے لگے، لمبے وقفے تک دعا کیے، اس دوران اتنے آنسوؤں نے آپ کے ریش مبارک کو تر کر دیا -اور جس مقصد کے لئے آئے تھے اس کا ذکر بھی نہیں کیا، کتنے مخلص تھے قوم کے لئے یہی وجہ ہے کہ آج ان کی جدائی پر پورا سیمانچل سوگوار ہے-

حضرت مولانا نے تقریباً پچاس سال قوم وملت کی علمی، دینی، سماجی ورفاہی خدمات میں گزارا، آپ نے بہار، بنگال وجھارکھنڈ میں سیکڑوں مدارس و مکاتبِ دینیہ قائم کر کے جہالت کی تاریکی میں ڈوبے ہوئے علاقوں میں علم کا چراغ روشن کیا اور آخری سانس تک قوم وملت کی ہمہ گیر خدمات میں مصروف و سرگرم رہے-

میں نے جب سے ہوش سنبھالا اور علم و تعلم کے میدان میں قدم رنجا ہوا، مدارس و مکاتب کی خاک چھانی کی، کتب، اخبارات اور رسائل کے مطالعہ و دراسہ کا شوق بڑھا تو میں نے ہندوستان سے نکلنے والا کوئی ایسا اخبار نہیں دیکھا جس میں مولانا کا مضمون نہ ہو ، اتنی مصروفیات کے باوجود بھی بگڑی و بکھری پڑی قوم کے لئے وقت نکال لیتے تھے، ہر آن و ہر شان کی ترقی و اصلاح کی سوچتے تھے، اسی طرح پورے ہندوستان سے نکلنے والے ہر مکتب فکر کے مجلات و جرائد میں مولانا کے اشہب قلم سے نکلنے والے نگارشات موجود ہوتے تھے، زبان وبیان میں بڑی فصاحت و بلاغت تھی، کسی بھی بات کو کہنے اور پیش

کرنے کا سلیقہ بخوبی جانتے تھے، روزنامہ " انقلاب " کا " جمعہ میگزین " میں تسلسل کے ساتھ لکھتے رہے۔

نوجوان کسی بھی قوم وملت کا قیمتی سرمایہ ہوتا ہے، اور اس سرمایے کا صحیح استعمال قوم کے مفاد میں اس وقت ہوتا ہے جب ابتدا ہی سے اس کی معاشی و معاشرتی، ذہنی و دینی تربیت کی جائے۔یہی وجہ ہے کہ قاسمی صاحب کو ہمیشہ نوجوانان اسلام کی اصلاح کی فکر دامن گیر رہی۔ آپ ہمیشہ نوجوانان اسلام کی عقلی وفکری انحراف اور اس کے اسباب پر مبنی مضامین تحریر فرماتے تھے، تاکہ نسل نو کی اچھی تربیت کی جائے اور قوم وملت کے مفاد میں اس کا استعمال کیا جائے۔

تیز رفتاری کے اس دور میں انسان گوناگوں مصروفیات میں اتنا مشغول ہوگیا ہے کہ اب لوگوں کے پاس وقت نہیں رہا کہ لمبے وطویل مضامین اور ضخیم کتابوں کو پڑھنے کے لئے وقت نکالے، لوگ اب اختصار ہی کو پسند کرتے ہیں، مولانا قاسمی صاحب وقت شناس تھے اس وجہ سے تاحیات اختصار کے ساتھ لکھتے رہے، زبان میں بڑی سلاست وروانگی تھی، عمدگی کے ساتھ کسی بھی چیز کو پیش کرنے کا سلیقہ تھا۔ لیکن آج علم وفن اور صحافت کے سرخیل کئی من مٹیوں کے نیچے سو رہے ہیں:

آسماں تیری لحد پر شبنم افشانی کرے

***

ادب و صحافت کا امتزاج: حقانی القاسمی

ڈاکٹر سید احمد قادری

عہدِ حاضر کے صحافیوں میں حقانی القاسمی اپنے منفرد اسلوب، اور متنوع معیاری تحریروں کے باعث اپنا ایک خاص مقام رکھتے ہیں۔

حقانی القاسمی نے ابتدائی تعلیم اپنے گاؤں کے اسکول سے حاصل کرنے کے بعد مدرسہ اسلامیہ (ڈھٹی) جامعہ اسلامیہ (بنارس) اور دارالعلوم (دیوبند) کے علمی فیوض کو سمیٹتے ہوئے علی گڑھ مسلم یونیورسیٹی پہنچے اور وہاں سے ایم۔ اے (اردو) کی ڈگری لینے کے بعد "فلسطین کے چار ممتاز شعراء" جیسے بالکل مختلف موضوع پر ایم۔ فل کیا اور اس کے بعد "فلسطین کی کہانیاں" پر تحقیقی مقالہ سپرد قلم کیا۔

کئی اہم دینی مدرسوں اور علی گڑھ مسلم یونیورسیٹی سے مختلف علوم وفنون کی تعلیم و تربیت نے حقانی القاسمی کے اندر اعتماد بحال کر دیا۔

حقانی القاسمی اپنی علمیت کے جوہر کو بحیثیت نقاد مختلف کتابوں مثلاً فلسطین کے چار ممتاز شعراء، طواف دشت جنوں، لاتحف، تکلف بر طرف، رینو کے شہر میں ، خوشبو روشنی رنگ، شکیل الرحمن کا جمالیاتی وجدان، بدن کی جمالیات اور ادب کولاژ وغیرہ میں سامنے آچکے ہیں اور ان کی پذیرائی پوری اردو دنیا میں ہو رہی ہے۔ " تاریخ ادب اردو " (جلد سوم کے صفحہ ۱۸۸۹) میں پروفیسر وہاب اشرفی نے جو لکھا تھا وہ توجہ طلب ہے۔ لکھتے

ہیں:

"حقانی القاسمی کالم نویسی بھی کرتے رہے ہیں۔ تکلف بر طرف کے عنوان سے انکے کالم دلچسپی سے پڑھے جاتے ہیں۔ موصوف کا وصف خاص ان کا اسٹائل ہے۔ان کی نثر میں بڑی جان اور تمکنت ہے۔ فارسی اور عربی پر دست رس، ان کے اسلوب کو نکھار دیتی ہے۔ سچی بات تو یہ ہے کہ ان کی نثر کا جو امتیاز ہے، وہ کسی کی تقلید پر مبنی نہیں، بلکہ اس میں انفرادیت نمایاں ہے۔"

حقانی القاسمی کا جو تنقیدی مزاج و آہنگ ہے اور صحافت میں جو گہرائی و گیرائی ہے۔ اس سے یہ فیصلہ کرنا مشکل ہوتا ہے کہ حقانی القاسمی دراصل کس صنف میں قابل قدر ہیں۔ حقیقت یہ ہے کہ ان کا فن خواہ وہ تنقید میں ہو یا صحافت میں، منفرد اور اعلیٰ ہے۔ ادب اور صحافت کے امتزاج سے دونوں میں ایک خاص کیفیت پیدا ہوتی ہے۔ انھوں نے اپنے صحافتی سفر میں ہفتہ وار "اخبار نو" (دہلی) اور ہفتہ وار "نئی دنیا" (دہلی) جیسے بے حد متمول اور مقبول اخبارات میں تجربات بھی حاصل کئے اور اپنی صحافتی صلاحیتوں کا بھرپور مظاہرہ بھی کیا۔

"اخبار نو" اور "نئی دنیا" جن لوگوں کے مطالعہ میں رہا ہے وہ اس امر سے واقف ہوں گے کہ ان دونوں اخبار کا مزاج کیا تھا اور عوام کے درمیان کس قدر مقبول تھا۔ ان دونوں اخبارات کی مقبولیت کا سہرا بہر حال حقانی کے سر جاتا ہے۔ ان دو ہفتہ وار اخبارات کے بعد صلاح الدین پرویز کے ادبی مجلہ "استعارہ" سے جب حقانی وابستہ ہوئے تو اس رسالہ نے ادبی دنیا میں دھوم مچادی۔ حقانی نے "نئی دنیا" اور "اخبار نو" میں جہاں سیاسی، سماجی، معاشرتی، تہذیبی، اقتصادی اور لسانی مسائل پر تجزیاتی مضامین اور تبصرے لکھے، وہیں استعارہ میں ادب کے حوالے سے جو کچھ بھی لکھا، انھیں پڑھ کر لوگوں کو چونکنے

پر مجبور کر دیا کہ عہد حاضر کے کسی نوجوان کی تحریروں میں ایسی تازگی ، شگفتگی ، جولانی ،توانائی، وارفتگی، سنجیدگی اور علمی وادبی رنگ و آہنگ ہے جو لوگ عہد حاضر کے نوجوانوں کی اردو صلاحیتوں سے مایوس ہو رہے تھے ، ان لوگوں نے اطمینان کی سانس لی کہ اردو زبان وادب اور صحافت کا معیار اور وقار بچانے والا کوئی ہے جو آنے والی نسلوں کی آبیاری کرے گا۔

حقانی القاسمی جب سہارا گروپ کے "بزم سہارا" کی ادارت میں شامل ہوئے تو اپنی" بزم سہارا" کو اپنی صحافتی ہنر مندی سے ایسی آفاقیت بخشی کہ اس رسالہ میں شاعر و ادیب اپنی شمولیت کو ایک اعزاز تصور کرنے لگے۔

" بزم سہارا" کا ہر شمارہ ایک دستاویز ہوتا۔ اس قدر خوبصورت، معلوماتی اور معیاری رسالہ ہندوستان کے صحافتی منظر نامہ پر کم ہی نظر آیا۔ افسوس کہ یہ رسالہ نظر بد کا شکار ہو کر بند ہو گیا، لیکن حقانی القاسمی کی صحافتی بصیرت کا پر تو اپنی پوری آب و تاب کے ساتھ سہارا گروپ کے رسالہ " عالمی سہارا" کے ادبی حصہ میں نظر آتا ہے۔

حقانی کی تحریروں میں جو معنویت ، نشتریت اور آفاقیت ہوتی ہیں اس کی ایک مثال دیکھئے:

" پچھلے دس برسوں میں ہندوستان میں یہ ہوا کہ ایسا کچھ نہیں ہوا کہ جسے سنگ میل، نشان منزل یا یادگار کہا جائے۔ ہاں اس دہائی کو Decade of Decline قرار دیا جاسکتا ہے کہ ادبی جہاں میں قلب و نظر کی مہجوری عام رہی۔ زوال و بحران کا تسلط رہا۔ اس دہائی میں دیکھنے کو صرف یہ ملا کہ اطاعت کی دہلیز پہ دست بستہ بالشتیوں کو بلندی کی خلعت عطا کی گئی۔"

(" پچھلے دس سال کے اردو ادب کا سرسری جائزہ "ادب کولاژ۔ صفحہ:۳۵۶)

ادبی رسالہ کا اجراء کس قدر مشکل اور دشوار گزار مرحلہ ہوتا ہے،اس کا تجربہ حقانی القاسمی کو بخوبی ہے۔اس تجربہ کا اظہار کرتے ہوئے وہ لکھتے ہیں:

"ایسے بحرانی حالات میں رسائل نکالنا بھی جوئے شیر لانے سے کم نہیں ہے۔ یہ تو کوئی بھی نہیں سوچتا کہ کیا گزرتی ہے قطرے پہ گہر ہونے تک۔کیسے کیسے شوائد، مصائب،موج حوادث کا مقابلہ کرنے کے بعد ایک رسالہ معرض وجود میں آتا ہے۔"

(ادبی صحافت کا عصری منظرنامہ 'ادب کولاژ'صفحہ:۳۳۶)

حقانی القاسمی کا یہ کامیاب صحافتی سفر کہاں رکے گا نہیں کہا جاسکتا، لیکن اتنا ضرور ہے کہ حقانی القاسمی آنے والی کئی نسلوں کو اپنی صحافتی صلاحیتوں سے متاثر کرنے کی بھرپور صلاحیت رکھتے ہیں، جن سے نئی نسل بہرحال استفادہ کررہی ہے۔ امید ہے کہ صحافت کی عظمت کو حقانی القاسمی نئی نسلوں تک پہنچانے کی ذمہ داری کو پورا کریں گے۔ ☆

***

ڈاکٹر حسن مثنیٰ اور صحافت

ڈاکٹر منتظر قائمی

اردو میں ویسے تو صحافت کے حوالے سے درجنوں کتابیں لکھی جاچکی ہیں اور ابھی بھی بہت سی دانشگاہوں میں صحافت کے حوالے سے بہت سارے تحقیقی اور تنقیدی کام ہو رہے ہیں۔ صحافت نے پیشے، فن اور ٹیکنالوجی کے اعتبار سے بہت سی منزلیں طے کر لیں ہیں اور نئے نئے جہانوں میں کمندیں ڈالی ہیں۔ جیسے جیسے نئے نئے سائنسی انکشافات ہو رہے ہیں اور آئے دن نئی ٹیکنالوجی کا استعمال بڑھتا ہی جارہا ہے اس کی وجہ سے صحافت میں اب پہلے کے مقابلے روزگار اور نوکری کے مواقع زیادہ ہوئے ہیں۔

پہلے صحافت ایک مشن تھا سماج، ملک اور معاشرے کی خدمت کا مگر آج صحافت ایک انڈسٹری میں تبدیل ہو چکی ہے اور اس سے بھی بڑھ کر ایک تجارت کا روپ دھار چکی ہے لہٰذا صحافی بھی اب میڈیا پرسن ہو چکا ہے اور اب صحافی بھی دیگر دفتروں اور اداروں کے مانند مقررہ وقت تک دفتر میں کام کرتا ہے۔ ایک وقت تھا جب صحافت میں تن، من دھن کی بازی لگادی جاتی تھی اور اسے جمہوریت کا چوتھا ستون کہا جاتا تھا اور یہ حکومت اور عوام کے درمیان ایک پل کا کارنامہ انجام دیتی تھی۔ حکومت کی غلط اور منفی پالیسیوں پر آئینہ دکھانے کا کام کرتی تھی اور مفاد عامہ کی بات کرتی تھی مگر اب حالات نہ صرف یہ کہ ملکی اور قومی سطح پر بلکہ بین الاقوامی اور عالمی سطح پر تبدیل ہو چکے ہیں۔ لہٰذا

صحافت نے بھی اپنے نئے اہداف اور نئے نصب العین طے کر لئے ہیں پہلے وہ سامراجیت کے خلاف کھل کر بولتی تھی اب وہ سامراجی قوتوں کی حامی اور طرفدار نظر آتی ہے کیونکہ صحافت جب سے انڈسٹری ہوئی ہے تب سے اور دیگر تجارت اور کاروبار کی طرح سود وزیاں کی گردش کا شکار ہو کر رہ گئی جس کے سبب صحافت اپنے فرض، منصب اور مقصد سے بھٹک گئی ہے۔

صحافت کے ایسے پر آشوب اور مایوس کن منظر نامے میں چند ایک ہی اخبار، صحافتی ادارے، نیوز چینل، نیوز پورٹل، نیوز ویب سائٹ اور چند ایک صحافی ہی قابلِ اعتماد ہیں جن سے عوام کو کچھ امید ہے ورنہ اس میدان میں بہت دور تک اندھیرا ہی نظر آرہا ہے۔ دوسری بات یہ ہے کہ جب سے نیوز ٹی وی چینلز نے اپنی نشریات متواتر چوبیس گھنٹے کر دی ہے اس وقت سے ہمیشہ ان چینلوں کو نشر کرنے یا ٹیلی کاسٹ کرنے کے لئے خبریں درکار ہوتی ہیں۔ایسے عالم میں خبریں آئیں کہاں سے ؟ اس لئے یہ نیوز چینل خبر سازی کا فریضہ بھی انجام دیتے ہیں اور خبروں کے نام پر ہم کو ایسے ایسے واقعات اور حادثات پروس دئے جاتے ہیں جو خبر کہلانے لائق ہی نہیں ہوتے ہیں۔

ٹی وی چینلوں پر مباحثے اور سیاسی مناظرے کے نام پر ہونے والے تماشوں سے کون واقف نہیں ہے۔چونکہ فلموں کی طرح ان پیشہ ورانہ چینلوں نے بھی تمام اصول و قوانین، اخلاقیات اور پاس ولحاظ کو بالائے طاق رکھ کر فقط اور فقط اپنی ٹی آر پی یعنی ٹیلی ویژن ریٹنگ پوائنٹ کو ہی اپنا مطمع نظر قرار دے دیا ہے کیونکہ ان چینلوں کو اشتہارات دینے والی کمپنیاں چینلوں کا ٹی آر پی دیکھ کر ہی اپنا پیسہ لگاتی ہیں جس سے یہ چینل کمائی کرتے ہیں۔اس لئے ہر خبر کو یہ چینل بریکنگ نیوز بنا دیتے ہیں اور کچھ نہیں تو کم سے کم انھیں سنسنی خیز ضرور بنا دیتے ہیں۔پہلے سرکاری نشریات یعنی ریڈیو اور ٹی وی کو سرکاری

بھونپو کہا جاتا تھا جس میں سرکار کے ہر اقدام کو سراہا جاتا تھا اور اسی کا پرچار کیا جاتا تھا مگر جب نوے کی دہائی میں معاشی نرم روی کا دور آیا اور اقتصادی اصلاحات کے تحت ملکوں کی سرحدیں کاروبار کے لئے کھول دی گئیں اور غیر ملکی کمپنیاں بھی اپنے سازو سامان کے ساتھ دیگر ممالک کے بازاروں پر قابض ہونے لگیں تو دیسی کمپنیوں کو کون پوچھنے والا ہے۔ ایسے میں زندگی کے ہر شعبے میں ان بیرونی کمپنیوں کا عمل دخل بڑھنے لگا نتیجہ یہ ہوا کہ ہر بڑا صنعتی گھرانہ اپنے سازوسامان کی نشرو اشاعت اور فروغ کے ساتھ ساتھ اپنی بات کو عوام تک پہنچانے کے لئے ایک نیوز چینل لے کر تجارت کے میدان میں صف آرا ہو گیا۔ ان چینلوں کو یا ایسے صنعتی اخباروں کو عوامی مسائل سے کیا لینا دینا یہ تو وہی خبر اٹھائیں گے جو ان کے کام کی ہو اس لئے آج کی صحافت اصل مسائل سے پردہ پوشی کرنے لگی۔

ایسے ہی تمام مسائل اور مباحثے ڈاکٹر حسن مثنیٰ کی کتاب " میڈیا، قانون اور سماج " میں زیر بحث آئے ہیں۔ انھوں نے برسوں صحافت کے دشت کی سیاحی بھی کی ہے اس لئے ان کا تجربہ اور میلان ادب سے لے کر ریڈیو، ٹیلی ویژن اور اخباری صحافت تک پھیلا ہوا ہے۔ میرے ساتھ انھوں نے برسوں آل انڈیا ریڈیو، نئی دہلی کی اردو سروس میں بطور نیوز ٹرانس لیٹر اور ریڈر کے خدمت انجام دی ہے جہاں خبروں کا متن انگریزی زبان میں دستیاب ہوتا ہے جس کو اردو زبان میں منتقل کر کے اور بعض دفعہ ایڈٹ کر کے پڑھا جاتا ہے۔ ریڈیو میں برسوں خدمت انجام دینے کی وجہ سے وہ اس کے تمام پہلوؤں سے واقف تھے اس لئے جب ۲۰۰۶ء میں ان کی کتاب " ریڈیو نشریات: آغاز و ارتقا " منظر عام پر آئی تو اس میں ریڈیو کے تکنیکی گوشوں سے لے فنی اور اس سے بھی آگے بڑھ کر سمعی پہلوؤں پر خاطر خواہ بحث کی گئی۔ ریڈیو کی ایجاد اور ابتدا سے لے کر اس کے ارتقاء اور اس کے بعد ہندوستان میں ریڈیو کے آغاز و ارتقاء کو سلسلے وار پیش کیا گیا۔ ریڈیو پر نشر ہونے

والے پروگراموں کی زبان، ان کے تقاضے حدود اور امکانات پر بھی روشنی ڈالی گئی۔ جیسا کہ ہم سب جانتے ہیں کہ ریڈیو ایک زمانے میں اتنا ہی مقبول تھا جتنا کہ آج کے دور میں ٹی وی چینلز۔ موصوف اس حوالے سے کتاب میں رقم طراز ہیں کہ :

"ریڈیو اپنی افادیت اور معنویت بر قرار رکھنے میں آج بھی اسی طرح کامیاب ہے جیسا کہ پہلے تھا۔ یہ ایسا ذریعہء ابلاغ ہے جس کے ذریعہ مختلف قسم کی اطلاعات، خیالات، تجربات، نظریات، علوم و فنون، تفریحی مواد، حالات حاضرہ، عوامی مسائل اور دیگر بہت ساری معلومات نہایت تیز رفتاری سے ہمیں موصول ہوتی ہیں، خصوصی طور پر ریڈیو نے ہندوستانی تہذیب و ثقافت کو بہت فروغ دیا ہے۔ خواہ اس میں شعر و ادب ہو یا موسیقی یا پھر دوسرے علوم و فنون سبھی کی اعلٰی قدریں ریڈیو کی مرہون منت ہیں۔"(۵۱)

پوری کتاب میں ریڈیو نشریات فن، تکنیک کے حوالے سے کوئی ایسا گوشہ نہیں ہے جو تشنہ ہو یا جس کے متعلق یہ کہا جائے کہ مصنف نے فلاں گوشے پر نظر نہیں دوڑائی۔ کتاب کے متن اور مواد سے اندازہ ہوتا ہے کہ ریڈیو پر نشر ہونے والے پروگراموں میں رواں نشریات، رواں تبصرے سے لے کر خواتین، اطفال، نوجوان اور کسانوں تک سے متعلق ریڈیو نشریات، ریکارڈیڈ پروگرام میں فلمی نغموں سے لے کر لوک اور کلاسکی موسیقی کے پروگرام سب کے فنی تکنیکی اور سمعی پہلوؤں پر بحث کی گئی ہے۔ جہاں جہاں تصاویر کے ذریعہ کچھ قاری کو رہنمائی کرنے کی ضرورت پیش آئی وہاں پر مصنف نے ریڈیو ارکائیوز، ریڈیو لائبریری اور نیشنل ارکائیوز تک سے مصنف نے قاری کے لئے تصاویریں دستیاب کرائی ہیں۔ ہم سب جانتے ہیں کہ جس طرح پیشہ ور ڈرامہ کمپنیاں بہت سے ایسے مناظر جو اسٹیج پر ممکن نہیں تھے اس کو فن اور تکنیک کی مدد سے ایک زمانے تک انجام دیتی رہیں اسی طرح ریڈیو نشریات میں بھی وہ مناظر یا آوازیں،

حرکات اور سکنات جن کا آنکھوں کے بجائے سماعت کے ذریعہ احساس یا باور کرانا تھا اس کو فن اور تکنیک کا سہارا لے کر سامعین تک پہنچایا۔ اس کے باوجود بھی ڈرامہ کے اسٹیج اور ریڈیو کی دنیا میں کچھ ایسے مناظر، آوازیں اور حرکات و سکنات دونوں کے دائرے یا حصار میں نہ آسکے اور آنے والے زمانے میں ان کے لئے فلم، سنیما اور الکٹرانک میڈیا یا ٹی وی چینلوں کا سہارا لیا گیا اور وقت کے ساتھ ان کے حلقوں میں اضافہ ہوا۔ زبان کی اہمیت ان میڈیم میں اس لئے بڑھ جاتی ہے کیونکہ دونوں ہی میڈیم میں سامعین یا ناظرین کا دائرہ بہت وسیع ہوتا ہے یعنی یہ ہر ایک طبقے سے ہوگا لہٰذا زبان ایسی ہو جسے ایک ان پڑھ گنوار آدمی سے لے کر پڑھا لکھا آدمی سب بڑی ہی آسانی سے سمجھ لیں۔ چنانچہ اس امر کی جانب توجہ دلاتے ہوئے مصنف کا کہنا ہے کہ

"ریڈیو پروگراموں میں ایک بات کا خاص خیال رکھنا پڑتا ہے کہ کوئی نامانوس لفظ نہ استعمال کیا جائے کیونکہ سامع کے پاس اتنا وقت نہیں ہوتا کہ وہ ان الفاظ کے معنی لغت میں دیکھے یا کسی اور سے پوچھے۔ اگر ایسا ہوا تو وہ پروگرام کے متن سے تو محروم رہ جائے گا ،اس لطف سے بھی محروم رہ جائے گا جو پروگرام سے ملنے والا تھا۔ ریڈیائی پروگراموں کی زبان ایسی ہو کہ ادائے مطلب میں آسانی ہو کیونکہ یہ گفتگو کا ایسا ذخیرہ ہوتا ہے جس میں لفظوں پر زور دے کر، لہجے کے اتار چڑھاؤ سے بہت ساری باتیں کہی جاتی ہیں۔" (۷۰)

حسن مثنیٰ نے اردو روزنامے 'راشٹریہ سہارا' میں ملازمت کے دوران پرنٹ میڈیا کے اصول وضوابط اور فنی اور تکنیکی پہلوؤں سے تجرباتی طور پر آگاہی حاصل کی نیز جواہر لعل نہرو یونیورسٹی کے زبانوں کے مرکز میں ہندوستانی زبانوں کے توسط سے ماس میڈیا ان اردو ڈپلوما کا ایک سرٹیفکیٹ کورس بھی کیا جو کہ جز وقتی کورس ہے۔ زیادہ تر طلبا جو اردو زبان سے واقفیت رکھتے ہیں۔

وہ اس جز وقتی ڈپلوما کورس کو اخبارات اور الکٹرانک میڈیا میں ملازمت کی غرض سے کرتے ہیں۔ دوران کورس وہ میرے استاد بھی رہے ہیں لہٰذا انھوں نے تدریس میں اپنے ان تمام تجربات اور مہارتوں کو بروئے کار لاتے ہوئے بہت سی باتیں ہم سے ساجھا کی۔ میں نے اپنے مضمون کی تمہید جن نکات پر رکھی ہے وہ نقطے مصنف کی صحافت پر ایک اور کتاب 'میڈیا، قانون اور سماج' میں زیر بحث آئے ہیں۔ ۲۰۰۵ء میں حکومت کے ذریعہ لایا جانے والا حقِ اطلاعات سے متعلق قانون کسی بھی سرکاری ادارے یا سرکاری فرد سے اپنے حق یا مطالبات کے متعلق سوال پوچھنے کا ایک بہت ہی بہتر پلیٹ فارم عوام کو دیا گیا۔ جس کا مثبت استعمال زیادہ ہو رہا ہے اور منفی برائے نام۔ صحافت میں متعدد سرکاری محکموں اور دفاتروں میں کسی بھی معاملے سے متعلق انفارمیشن یکجا کر کے اسے عوام کے سامنے پیش کرنا اور اس انفارمیشن کی بنیاد پر سرکار یا سرکاری محکمے کے امور کا محاسبہ کرنا قدرے آسان ہو گیا ہے۔ چنانچہ مصنف اپنی کتاب 'میڈیا، قانون اور سماج' میں ایک مقام پر اس امر کی نشان دہی کرتے ہوئے فرماتا ہے کہ:

" اس حق کے تحت اب کوئی شہری سرکاری کام کاج کے بارے میں ، اس کی اسکیموں سے متعلق معلومات حاصل کرنے کا اہل بن گیا ہے۔ وہ ایک عرضی لکھے دس روپئے کی فیس جمع کرے ، حکومت کے اہلکار اس عرضی کا جواب تیس دنوں کے اندر فراہم کرنے کے لئے مجبور ہیں۔ اس قانون کا ایک بڑا فائدہ یہ ہوا ہے کہ اب برسر اقتدار حکومت یا ان کے حکام کوئی بھی فیصلہ کرتے وقت حد درجہ احتیاط برتتے ہیں۔ انھیں ہر وقت ڈر سا لگا رہتا ہے کہ کون کب کس قسم کی معلومات فراہم کرنے کی عرضی لگا دے اور ان کی کارگذاریوں کا راز فاش ہو جائے۔ "(۵۲۔۵۳)

اس قانون کے زیر اثر کچھ لوگ عوام کی فلاح و بہبود کے نام پر ان سرکاری اداروں

اور ان کے سربراہان کو بلیک میل بھی کرتے ہیں تاکہ وہ ان کے دباؤ میں عرضی گذار کو بھی لوٹ کھسوٹ کا کچھ حصہ دیں۔ نیز اس قانون نے کچھ سر پھروں کی جان تک لے لی ہے۔ دابھولکر، پنساری، کلبرگی جیسے عوام دوست سوشل ایکٹیوسٹ اسی قانون کی زد میں آکر اپنی جان سے ہاتھ دھو بیٹھے۔ صحافت کی دنیا میں حقِ اطلاعات سے متعلق قانون کسی وردان سے کم نہیں ہے کیونکہ صحافی کو پہلے سرکاری حکمراں یا افسر بہت سی باتوں یا پالیسیوں اور اسکیموں کے متعلق جواب نہیں بھی دیتے تھے تو کوئی بہت زیادہ فرق نہیں پڑتا تھا مگر اب سرکاری ادارے یا حکمراں کو بہر حال جواب دینا ہی پڑتا ہے وہ بھی مقررہ مدت کے اندر ورنہ معاملہ سینٹرل انفارمیشن کمشنر یعنی سی آئی سی کے پاس چلا جاتا ہے اور اگر اس نے نوٹس لے لیا تو سرکاری ادارے پر یا متعلقہ افسر پر جوابدہی کے ساتھ ہرجانہ بھی لگایا جاتا ہے۔ بہترین، دلچسپ اور ڈاٹا سے معمور خبریں اکثر دانشور صحافی اسی قانون کا سہارا لے کر یا اس کا استعمال کر کے عوام تک پہنچاتے ہیں اس لئے صحافت کے میدان میں حقِ اطلاعات ایک بڑا ہی اہم آلہ ءکار ہے۔

جہاں تک مسابقتی، مساویانہ یا جدید ٹکنالوجی کا سوال ہے تو صحافت کی دنیا میں یا انفارمیشن ٹیکنالوجی میں ایک انقلاب برپا ہے۔ آج کے دور کا انسان خبروں یا اطلاعات کے لئے فقط اخبار، ریڈیو یا ٹیلی ویژن پر ہی منحصر نہیں رہا بلکہ وہ دور جدید کی ہر اس ٹیکنالوجی کا استعمال کرتا ہے جہاں سے اسے اطلاعات فراہم ہو سکے۔ حسن مثنیٰ نے ان تمام جدید آلہ ءکار اور نئے حربوں کا ذکر اپنی دوسری کتاب میں کیا ہے۔ اس میں ایف ایم ریڈیو سے لے کر کمیونٹی ریڈیو تک پر ان کی بھرپور نظر ہے جس نے ریڈیو کے مستقبل کو کافی حد تک سنبھال کر رکھا ہے ورنہ آئے دن کی نئی نئی ٹیکنالوجی ریڈیو کو کب کا ہضم کر گئی ہوتی۔ سرکاری ٹیلی ویژن سے لے کر پرائیویٹ ٹی وی نیوز چینل تک آج کل خبروں،

اطلاعات یا اسکیم اور پالیسیوں کے مضر اثرات کو اپنے صحافتی مضامین میں شامل ہی نہیں کرتے۔ اپوزیشن کو بہت کم توجہ اور جگہ دینا اور عمداً حکومت کی غلط پالیسیوں، اسکیموں اور عوام مخالف اقدامات کو جائز بتا نا تاکہ حکومت سے زیادہ سے زیادہ اشتہارات مل جائیں۔ یہ ایک قسم کی بڑی ہی گندی اور گھناؤنی صحافت ہے جس سے میڈیا ہاؤس مالی اعتبار سے اپنا مفاد تو سیدھا کر لیتے ہیں لیکن صحافت کا جو کام ہے وہ پس پشت چلا جاتا ہے۔ آج کے الکٹرانک میڈیا کی صحافت تو دلالی کا کام کرتی ہے کیونکہ جمہوری نظام میں صحافت کو ہمیشہ حکومت مخالف ہونا ہی چاہیئے اور اسے عوام کے مفادات کا تحفظ کرنا چاہیئے نہ کہ حکومت کا۔

ایسے نامساعد حالات میں مصنف نے سوشل میڈیا کو بڑی اہمیت دی ہے کیونکہ ہم اگر ان مردہ ضمیر صحافیوں اور سامراجیت کے پروردہ میڈیا ہاؤسیز کے بھروسے رہیں تو ملک ، قوم اور دنیا کی اصل تصویر ہمارے سامنے آ ہی نہیں سکتی۔ لہٰذا مصنف نے اپنی کتاب میں سوشل میڈیا کی اہمیت، افادیت اور ضرورت کے ساتھ ساتھ موبائل ایپس اور ڈیجٹل ڈیٹاکس کی معنویت پر بھی زور دیا ہے۔ سوشل میڈیا پر موصوف اپنی کتاب " میڈیا ، قانون اور سماج " میں ایک مقام پر رقمطراز ہیں کہ

" سوشل میڈیا کے آنے سے اخبارات اور نیوز چینلوں کی کارکردگی میں خاطر خواہ بہتری آئی ہے۔ خبروں اور بریکنگ نیوز کے معاملے میں پہلے جو اخبارات اور نیوز چینلوں کی جو اجارہ داری تھی، وہ سوشل میڈیا کی موجودگی اور پھیلاؤ سے ختم ہوگئی ہے۔ اخبار اور نیوز چینل اب اس خوف میں مبتلا رہتے ہیں کہ کہیں سوشل میڈیا ان سے بازی نہ مار لے جائے۔ اس کا ایک فائدہ یہ بھی ہوا ہے کہ اب روایتی میڈیا کے لئے عوام سے کسی خبر کو چھپانا مشکل بلکہ ناممکن ہو گیا ہے کیونکہ وہ خبر کسی بلاگ پر آسکتی ہے یا سوشل نیٹ ورک

کے ذریعہ پھیلائی جاسکتی ہے۔ سوشل میڈیا کے دباؤ نے اس عہد کو مزید جمہوری بنانے کا کام کیا ہے۔"(۲۶۰)

میڈیا کے حوالے سے دونوں ہی کتابیں بڑی ہی کار آمد ہیں جن میں صحافت کے بدلتے ہوئے منظر نامے کو پیش کیا گیا ہے۔ یہ کتاب صحافت کی تاریخ اور انقلابات پر ایک منظم اور مربوط دستاویز ہے جس سے اس میدان کے شناوروں کو بہت سی بیش قیمت اشیا ملنے کی توقع ہے۔ وقت نے وفا نہیں کی ورنہ ڈاکٹر حسن مثنیٰ کے قلم سے ایسے ہی نایاب موضوعات پر اور بہت کچھ دیکھنے اور پڑھنے کو ملتا۔ ادب کے بعد دوسری سب سے پسندیدہ شے مصنف کے نزدیک صحافت تھی جس کی سرحدیں بعض دفعہ ادب سے جا کر مل جاتی ہیں۔ اردو میں صحافت کے حوالے سے ادھر کئی گراں قدر موضوعات اضافے ہوئے ہیں ان میں یہ دونوں ہی کتابیں سنگ میل کی حیثیت رکھتی ہیں۔ افسوس کہ یہ کہانی یہیں پر ادھوری چھوٹ جاتی ہے لیکن ان کے ذریعہ کئے گئے کاموں کا محاکمہ اور محاسبہ کا ادبی فریضہ آنے والی نسل پر فرض ہے۔

حواشی:

ا۔ ڈاکٹر حسن مثنیٰ، 'ریڈیو نشریات: آغاز و ارتقا'، ۲۰۰۶ء، ایلیا پبلی کیشنز، نئی دہلی

۲۔ ڈاکٹر حسن مثنیٰ، 'میڈیا، قانون اور سماج'، ۲۰۱۵ء، ایم آر پبلی کیشنز، نئی دہلی

***

دورِ حاضر کی علمی و ادبی کتب پر کچھ اہم تبصرے

کتاب شناسی : کچھ زاویے

مرتبہ : سید حیدرآبادی

بین الاقوامی ایڈیشن منظر عام پر آچکا ہے